贸易政策不确定性
对企业出口绩效的影响研究

沈和斌 ◎ 著

中国财经出版传媒集团

经济科学出版社
Economic Science Press

图书在版编目（CIP）数据

贸易政策不确定性对企业出口绩效的影响研究/沈
和斌著 . -- 北京：经济科学出版社，2023.5
　ISBN 978 - 7 - 5218 - 4774 - 1

　Ⅰ.①贸…　Ⅱ.①沈…　Ⅲ.①制造工业 - 工业企业 -
出口贸易 - 研究 - 中国　Ⅳ.①F426.4

　中国国家版本馆 CIP 数据核字（2023）第 085069 号

责任编辑：周国强
责任校对：孙　晨
责任印制：张佳裕

贸易政策不确定性对企业出口绩效的影响研究

沈和斌　著

经济科学出版社出版、发行　新华书店经销
社址：北京市海淀区阜成路甲 28 号　邮编：100142
总编部电话：010 - 88191217　发行部电话：010 - 88191522
网址：www. esp. com. cn
电子邮箱：esp@ esp. com. cn
天猫网店：经济科学出版社旗舰店
网址：http://jjkxcbs. tmall. com
固安华明印业有限公司印装
710 × 1000　16 开　13 印张　210000 字
2023 年 5 月第 1 版　2023 年 5 月第 1 次印刷
ISBN 978 - 7 - 5218 - 4774 - 1　定价：78. 00 元
（图书出现印装问题，本社负责调换。电话：010 - 88191545）
（版权所有　侵权必究　打击盗版　举报热线：010 - 88191661
QQ: 2242791300　营销中心电话：010 - 88191537
电子邮箱：dbts@ esp. com. cn）

前　言

　　制造业是国民经济的主体，是立国之本、兴国之器、强国之基。中国制造业的出口绩效高低是中国能否从制造业大国转变为制造业强国的关键。当今世界正经历百年未有之大变局，中国制造业转型升级处于重要战略机遇期。国际经验表明，制造业转型升级离不开开放的市场环境。改革开放四十多年，中国不断加快对外开放步伐，利用开放倒逼改革，强化企业市场竞争意识，培育企业市场竞争力，引导企业积极整合国际国内资源，不断推动中国制造业出口绩效的提升。中共十九届五中全会指出，"十四五"时期，我国经济社会发展以推动高质量发展为主题。然而，随着中国企业深度参与经济全球化，逆全球化思潮给中国制造业企业高质量发展带来诸多贸易政策不确定性。全球新冠肺炎疫情进一步加剧各国贸易紧张局势，推动贸易摩擦升级。2020 年 11 月 15 日《区域全面经济伙伴关系协定》（RCEP）的签署降低了东亚区域市场的关税壁垒，但美国对华贸易政策具有较大的不确定性。"后疫情时代"，中美经贸环境仍然十分复杂，贸易政策不确定性因素不可忽视，例如，美国对中国加征关税、限制高技术中间品贸易等措施，对开放经济环境下中国制造业的出口绩效将产生重要的影响。如何有效应对贸易政策不确定性，加快推动制造业出口绩效的提升，是中国实现经济高质量发展的关键议题。

　　受制于近期微观数据的可得性，我们借助 2001 年中国加入世界贸易组织（WTO）这一外生政策冲击构造准自然实验，2000～2001 年中国出口面临巨大的贸易政策不确定性，这是因为在加入 WTO 之前，美国仅授予中国临时最惠国待遇，而且每年美国国会都会讨论是否终止授予中国临时最惠国待遇，美国非正常贸易关系税率通常较最惠国税率提高 30% 以上。直到 2001 年中国加入 WTO 后，美国正式授予中国永久最惠国待遇，才结束面临美国随时大幅度提高关税的可能，中国面对的贸易政策不确定性下降了。可见，中国加入 WTO 为本书有效准确地识别贸易政策不确定性对企业出口绩效的影响效应提供了较为理想的准自然实验。

改革开放以来，特别是中国加入 WTO 后，中国出口绩效显著提高，那么究竟是什么因素推动中国出口绩效提高，大量文献以中国削减进口关税为切入点，实证考察贸易自由化对出口绩效的影响，基本证实了贸易自由化有利于改善相关经济指标，却未考虑中国加入 WTO 所带来的贸易政策不确定性下降这一客观因素。事实上，WTO 政策框架不仅削减了成员方对中国产品进口的关税，也降低了中国企业所面临的贸易政策不确定性。那么，在考察制造业企业出口绩效的影响因素时，如果遗漏贸易政策不确定性因素，估计结果可能会存在一定的偏误。鉴于此，本书以出口绩效的四个维度（即企业出口规模、出口结构、出口产品质量以及企业加成率）为切入点，从理论和实证两个层面考察贸易政策不确定性对企业出口规模、出口结构升级、出口产品质量以及企业加成率的影响，弥补了现有研究的不足，以期为相关政策的制定与调整提供借鉴。

本书的研究思路是：首先，梳理贸易政策不确定性、企业出口规模、企业出口结构升级、企业出口产品质量和企业加成率的相关理论，对贸易政策不确定性如何影响企业出口规模、企业出口结构升级、企业出口产品质量和企业加成率进行理论分析。理论分析认为：第一，由于企业出口存在不可逆转的固定成本，贸易政策不确定性下降通过影响预期收益对企业出口规模产生正面影响；第二，贸易政策不确定性下降会通过产品层面的资源再配置对企业出口结构升级产生正面影响；第三，企业出口规模的扩大将引致中间品进口的增加，进而贸易政策不确定性下降通过中间品进口的诱发效应（即中间品质量效应、中间品种类效应和中间品技术溢出效应）对出口产品质量产生促进作用；第四，贸易政策不确定性下降一方面会促进企业创新，另一方面会降低企业进入出口市场门槛，大量企业进入会引致竞争效应的增强，企业创新能力和竞争效应的提高会引致企业加成率的提升。

其次，基于 2000～2007 年中国工业企业数据库、中国海关数据库以及由芬斯特拉（Feenstra R C）整理的 2001 年美国进口关税数据①，三者合并匹配识别出企业的出口规模、企业出口结构升级、企业出口产品质量以及企业加成率等信息，利用中国 2001 年加入 WTO，美国授予中国永久性最惠国待遇这一历史事件，采用基于准自然实验的差分法来识别贸易政策不确定性对企业出口规模、企业出口结构升级、企业出口产品质量以及企业加成率的因果效应，尽可能地克服研究中的内生性问题。同时展开同趋势假设检验和更换主要变量、两期差分法、排除预期效应和采用安慰剂检测非观测因素影响等一系列稳健性检验及异质性分析。

主要结论如下：

第一，贸易政策不确定性下降对企业出口绩效具有显著的促进作用。表现为：首先，贸易政策不确定性下降会促进企业出口规模的扩大；其次，贸易政策不确定性的下降会促进企业出口结构的升级；再其次，贸易政策不确定性下降会提升企业出口产品质量；最后，贸易政策不确定性下降会推动企业加成率的提高。以上结论在考虑了识别假设条件和一系列可能干扰估计结果的因素（如更换主要变量、排除预期效应、两期差分法、排除非观测因素影响等）后结论依然稳健。

第二，贸易政策不确定性对企业出口绩效的影响存在中介效应。本书在对已有文献进行总结的基础上，归纳分析了贸易政策不确定性可能通过哪些传导变量对企业的出口规模、企业出口结构升级、企业出口产品质量以及企业加成率产生影响，最终形成了出口固定成本、产品层面资源再配置、进口中间品的诱发效应、企业创新和竞争效应等四条传导路径。通过构建中介效

---

① 美国进口关税数据来自：Feenstra R C, Romalis J, Schott P K. US Imports, Exports, and Tariff Data, 1989 - 2001 [R]. National NBER Working Paper, No. w9387, 2002.

应模型对各个传导路径是否成立进行检验发现，贸易政策不确定下降对出口固定成本、产品层面资源再配置、进口中间品的诱发效应、企业创新和竞争效应等传导变量均具有显著正向影响，四个传导路径都通过了中介效应检验①。

第三，贸易政策不确定对企业出口绩效的影响存在明显异质性。本书在基准回归的基础上，对总样本按照贸易类型、企业类别以及所在行业的技术类别进行划分，以考察贸易政策不确定的异质性影响。通过分样本回归分析，得出：首先，贸易政策不确定性下降更容易促进加工贸易企业、国有企业以及低技术行业企业的出口规模扩张；其次，贸易政策不确定性的下降更容易促进一般贸易企业、私营企业以及高技术行业企业的出口技术复杂度的提升；再其次，贸易政策不确定性的下降更容易促进一般贸易企业、高技术行业企业，以及东部地区企业的出口产品质量的提升；最后，贸易政策不确定性下降更容易促进一般贸易型、私营型、高技术行业企业的企业加成率提升。

与现有研究相比，本书可能的贡献主要体现为以下几点：

第一，研究方法上，以中国加入 WTO 后美国给予的永久性正常贸易关系地位作为外生的政策冲击，采用基于准自然实验的双重差分法来考察贸易政策不确定性对制造业企业出口规模、企业出口结构升级、企业出口产品质量以及企业加成率的因果效应，尽可能地克服研究中的内生性问题。

第二，在影响机制上，首先，揭示了贸易政策不确定性影响企业出口规模的作用机制，即贸易政策不确定性下降通过降低出口固定成本，提升预期收益影响企业出口规模②。与现有文献从贸易自由化角度解释出口规模扩张不同，本书为企业出口规模扩张提供了新的阐释。其次，进一步拓展了贸易政策不确定性通过产品层面资源再配置影响企业出口结构升级的机制，即显著表现为高低出口技术复杂度的产品新建消亡式的调整促进制造业企业出口结构升级。已有大量文献止于企业层面资源再配置和行业层面资源再配置影响渠道，未能深入到产品层面资源再配置，本书将企业出口结构升级的作用

---

① 企业创新和竞争效应为贸易政策不确定性影响企业加成率的渠道，因此为四个传导路径。
② 即当出口的预期收益大于出口固定成本，则企业选择出口；反之，则停止出口。

机制扩展到产品层面的资源再配置。再其次，发现贸易政策不确定性通过中间品进口的诱发效应（即中间品质量效应、中间品种类效应和中间品技术溢出效应）促进出口产品质量提升，相对于出口，本书将贸易政策不确定性的影响扩展到进口层面。最后，丰富了企业加成率的相关研究，从竞争效应角度，分析贸易政策不确定性对企业加成率的提升作用。

第三，在异质性上，从贸易方式、所有制类型、技术水平等级等层面，尽可能把握贸易政策不确定性影响制造业企业出口规模、企业出口结构升级及企业出口产品质量的异质性，可为不同贸易方式、所有制以及技术水平等级的企业制定更有针对性的企业发展、产业升级等相关政策提供依据。

目　录

第 1 章

绪　论

1.1　研究背景与意义

1.1.1　研究背景

　　尽管世界经济形势有所改善，但仍然面临较多不稳定。当前经济复苏缓慢、经济发展不平衡现象仍旧突出，单边主义和保护主义加剧，区域热点问题相继出现。随着中国企业深度参与经济全球化，逆全球化思潮给中国制造业企业高质量发展带来诸多贸易政策不确定性。特别是特朗普当选总统以来，美国通过一系列经贸措施对中国施加压力，中美贸易之间存在很大的贸易政策不确定性（TPU）。中美持续存在的巨额贸易顺差是贸易政策不确定性形成的重要原因。根据中国海关统计，2011～2018 年，中国对美国贸易逆差每年超过 2000 亿美元。① 2021 年 1 月 20 日，拜登当选新一任美国总统，对中国

----

① 2019 年中美贸易战不断升级，巨额贸易逆差绝非中美贸易战主因［EB/OL］. 智研咨询，2019 – 08 – 28.

1

加征关税进行重新评估，在评估期间暂停美国对中国 3700 亿美元商品加征关税。虽然这一措施暂时缓和了中美之间的贸易政策不确定性对经济产生的负面影响，但美国对中国的遏制已取得民主党和共和党的共识，对华贸易政策具有较大的不确定性。"后疫情时代"，中美经贸环境仍然十分复杂，贸易不确定性因素不可忽视。

我国正处在产业转型升级与国际贸易环境不确定性相互叠加的特殊时期，特别是全球经济放缓甚至出现负增长，劳动力成本不断攀升，资源消耗型产业难以为继、环境约束不断加强，已经大大阻碍了中国企业出口绩效的持续增长。因而必须加快寻求企业出口绩效提升的新途径，从贸易规模发展向贸易高质量发展转变。按照《中国制造 2025》的规划目标，到 2035 年中国制造业整体达到世界制造强国阵营中等水平①。中国需要同时应对内部产业转型升级的内部压力和贸易环境不稳定、不确定的外部压力的双重挤压。尤其是制造业，面临着诸多困难与挑战，为企业的转型升级带来障碍。企业作为经济中的基本细胞，是市场主体，企业兴则经济兴②。我国要实现贸易规模发展向贸易高质量发展转变，归根结底需要依靠企业的发展，企业的出口绩效在贸易高质量发展中起着至关重要的作用。

贸易政策不确定性对企业出口绩效的影响主要集中在企业出口规模、企业出口结构升级、企业出口产品质量和企业加成率四个方面。首先，是出口规模的锐减，当企业面临贸易环境中不确定性因素，企业经营者难以把握未来贸易政策的走向和强度，悲观情绪蔓延，改变了企业对基本面的预期。此外，企业出口需要投入一笔不可逆转的资金，当预期收益小于投入时，企业倾向于选择"观望"（wait and see）的策略，推迟或者放弃当前投资（Dixit and Pindyck，1994；Rob and Vettas，2003），这导致企业投资规模下降，抑制企业出口规模的提高。

---

① 2015 年 5 月 19 日，国务院正式印发《中国制造 2025》，规划的主要目标就是实现 2035 年中国制造业整体达到世界制造强国阵营中等水平。

② 2014 年 7 月 14 日，中共中央政治局常委、国务院总理李克强主持召开经济形势座谈会。

其次，当贸易政策不确定性发生变化时制造业企业进行出口决策会考虑出口产品结构和中间品进口结构选择。理论上，企业受到贸易政策不确定性出口成本约束与追求利润最大化驱动（Bugamelli and Infante，2003；Feng et al.，2017），贸易政策不确定性变化可能会诱致企业调整生产行为，即在有限资源的情况下，进行内部产品资源再配置，以实现利润最大化。从产品需求层面看，当企业面临贸易政策不确定性时，我们假设大多数企业为风险规避型，而贸易政策不确定性的变化（表现为出口关税增加的概率提高）将直接影响企业预期收益，此时，企业不得不选择更为稳妥的经营战略，例如，加大传统优势产品的扩张、减少新产品出口，但这并不利于企业出口结构升级。

再其次，从产品的要素投入层面看，既有众多学者研究认为中间品进口是影响出口产品质量的重要因素，而贸易政策不确定的存在会让企业减少高质量、多种类的中间品的投入以缩减开支，进而抑制出口产品质量的提升。

最后，从企业创新角度看，由于贸易政策不确定性的存在，企业往往采取较为保守的销售策略，此时，企业为了避免面临更大的风险，会选择减少创新投入，从而抑制了企业研发。从竞争效应看，贸易政策不确定性必然导致企业预期利润的减少，会引发更多的企业退出出口市场，随着企业数量的减少，企业之间竞争效应的减弱，企业推动企业加成率的激励因素降低，这将不利于企业加成率的提升。

为了证实贸易政策不确定性对企业出口绩效的四个指标：企业出口规模、企业出口结构升级、企业出口产品质量以及企业加成率的影响，我们利用中国加入WTO带来的准自然实验。具体来说，在加入WTO之前，中国出口企业面临关税可能发生激烈变化所引致的贸易政策不确定性，这主要是由于各国缺乏超越主权的关税约束规则，由于出口本身具有不可逆的高固定成本（Handley，2014），如果出口国与目的国之间并未达成双边贸易关系或者关税约束条款，那么就会存在目的国可能出于某种目的任意调整自身的关税税率，一旦出口目的国提高其关税税率，企业将面临利润减少，甚至亏损，此时无疑企业将面临很高的贸易政策变动风险。WTO谈判的核心就是降低关税壁垒，设置最高约束关税，限制各国随意增加关税，显然在这种机制下，各出口国在面对进口国方面的贸易政策不确定性下降了[①]。在这当中，美国无疑是重要的贸易伙伴。中美贸易政策不确定性源于美国的两套关税制度：一类是对于非正常贸易关系国家和地区将征收斯姆特－霍利关税（The Smoot-Hawley Tariff），也称二类关税（Column 2 Tariff）；另一类是对于已经建立正常贸易关系的国家和地区将征收最惠国关税（Most Favored Nation Tariff）。从图1.1可以看出，斯姆特－霍利关税税率远远高于最惠国关税税率，从概率密度上看，最惠国关税大量集中在低关税水平，而斯姆特－霍利关税税率分布更为广泛。

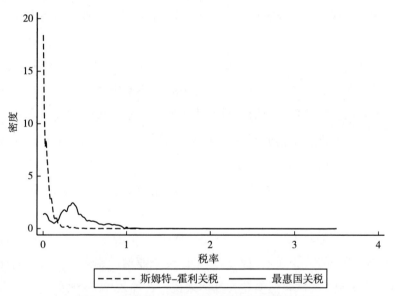

图1.1 斯姆特－霍利关税与最惠国关税的分布

资料来源：斯姆特－霍利关税和最惠国关税数据来自 Feenstra 等（2002）。

---

① 约束关税的设置，就是为了防止各国随意增加关税，设置关税壁垒，在当前约束关税的国家法框架下目的国可以在不违反贸易规则的前提下调高关税（Bchir et al., 2006；周定根等，2019），但不能超过最高约束关税的限制。相较于随意增加关税的情况，毫无疑问，贸易政策不确定性下降许多（Handley, 2014；周定根等，2019）。

从 1980 年开始，美国授予了中国临时性的正常贸易关系，不过在中国加入 WTO 之前，美国国会每年都会针对是否继续给予中国临时性的正常贸易关系安排进行投票决议。如果投票决议未通过，那么美国将终止给予中国最惠国关税待遇，转而实施斯姆特－霍利关税。当中国加入 WTO，中国摆脱了临时关税最惠国的限制，中美之间确立了永久最惠国关系，结束了中国面临被征收非常高的实施斯姆特－霍利关税税率的威胁。换言之，中国加入 WTO 极大地降低了贸易政策不确定性。

那么，贸易政策不确定性的下降是否有效推动了我国制造业企业出口绩效的提升？更具体地，作为供给侧结构性改革的重要内容，贸易政策不确定性下降是否会对出口固定成本、产品层面的资源再配置、中间品进口结构产生以及企业创新和竞争效应产生影响？而这些影响又是否会导致企业出口规模、出口结构升级、出口产品质量以及企业加成率的变动？以上问题是探究贸易政策不确定性对制造业企业出口绩效的重要内容，也是 2019 年 11 月，中共中央、国务院发布《关于推进贸易高质量发展的指导意见》的重要内容。

1.1.2 研究意义

企业的出口绩效一方面决定中国能否成功从制造业大国转变为制造业强国以及能否成功从贸易规模发展向贸易高质量发展转变，另一方面也关乎能否完成《中国制造 2025》的规划目标[①]。可以预见当企业遭受外部贸易不确定性冲击，可能会制约企业发展，继而企业盈利能力和出口竞争力出现下降，丧失可持续发展能力，甚至最终退出市场。面对外部贸易环境严峻挑战，一个自然的问题是，贸易政策不确定性会对企业出口绩效产生怎样的影响以及如何影响？本书以企业出口绩效的四个维度为切入点，即出口规模、出口结构升级、出口产品质量以及加成率，着重考察贸易政策不确定

---

① 即到 2035 年中国制造业整体达到世界制造强国阵营中等水平。

性对出口规模、出口结构升级、出口产品质量以及加成率的影响。首先，在对相关研究进行梳理的基础上，构建贸易政策不确定性、出口规模、出口结构升级、出口产品质量以及加成率之间关系的理论研究框架，揭示贸易政策不确定性对企业出口规模、出口结构升级、出口产品质量以及加成率的影响。并借助基于双重差分法的计量模型的实证分析检验理论分析的合理性。更进一步地，通过相关引入中介变量，考察贸易政策不确定性如何影响企业出口规模、出口结构升级、出口产品质量以及企业加成率。本书兼具理论意义与现实意义：

1.1.2.1 理论意义

（1）丰富了企业出口绩效影响因素的研究，有助于拓展企业出口绩效相关研究的宽度。

本书提出了一种新途径，通过消除出口目的地市场的贸易政策不确定性（*TPU*）促进企业出口绩效。鉴于不少文献以中国加入 WTO 为切入点，实证考察贸易自由化对经济增长效应的影响（余淼杰，2012；周茂等，2016；盛斌和毛其淋，2017），却未考虑中国加入 WTO 带来的贸易政策不确定性下降这一客观因素。与此同时，与传统的二元边际研究对比，本书将企业出口绩效扩展为四个维度，从理论层面厘清贸易政策不确定性与企业出口规模、企业出口结构升级、企业出口产品质量以及企业加成率之间的深层次的关系，为现有企业出口绩效的研究能够起到较好的补充作用。

（2）从出口固定成本、产品层面的资源再配置效应、进口中间品的诱发效应、企业创新和竞争效应的角度分析贸易政策不确定性对企业出口绩效的影响，这些影响机制的分析拓展了现有贸易政策不确定性对企业出口绩效影响的研究深度。本书扩展了现有贸易政策不确定性影响企业出口规模、企业出口结构升级、企业出口产品质量以及企业加成率的作用机制。即贸易政策不确定性通过出口固定成本影响企业的出口规模；贸易政策不确定性通过产品层面的资源再配置效应影响企业出口结构升级；贸易政策不确定性通过进口中间品的诱发效应影响企业的出口产品质量；贸易政策不确定性通过企业创新和竞争效应影响企业加成率。丰富和扩展了现有的贸易政策不确定性的研究。

（3）促进了双重差分法在企业出口绩效领域的应用，提高了相关政策实施评估的准确性。

本研究使用双重差分法减少了研究过程中的内生性问题，提高了因果识别的准确性。由于准确地把握贸易政策不确定性与企业出口绩效之间因果效应，减少评估过程中的内生性问题，仍然是目前研究贸易政策不确定性的一大难点，具体体现在：第一，尽管部分文献指出贸易政策不确定性变化是一种外生冲击，难以产生反向因果问题，但事实上，由于中国出口体量较大，而国际关系中，特别是中美贸易关系较为复杂，中国出口绩效经常影响美国的贸易政策，可能会产生反向因果关系①；第二，即使控制住大量同时影响企业出口绩效和贸易政策不确定性的因素，如企业规模（scale）、政府补贴（sub）、企业年龄（age）、资本密集度（CI）、最终品进口关税（outputtariff）、中间品进口关税（inputtariff）等变量，但还是会遗漏某些影响解释变量或被解释变量的重要控制变量，如出口目的国的消费者偏好、意识形态等非观测因素。对此，本书借鉴刘和马（Liu and Ma，2020）的思路，借助中国加入 WTO，美国给予中国永久性正常贸易关系（Permanent Normal Trade Relations，PNTR）地位这一外生政策冲击构造准自然实验，能够更为准确地考察贸易政策不确定性对我国企业出口绩效的影响。

1.1.2.2　现实意义

（1）研究贸易政策不确定性对企业出口绩效的影响有利于企业前瞻性地做出出口决策。通过合理看待贸易政策不确定性可能引发的企业利润削减，企业应主动调整存货水平、转变出口目的国以及出口转内销的方式应对贸易政策不确定性带来的不利影响。

---

① 这点不难理解，美国为了维护其霸权地位，往往采取遏制战略，特别是当前中国出口额逐步提升，以及意识形态的不同，美国会采取提高关税措施，抑制中国出口，达到削弱中国经济的目的。

（2）研究贸易政策不确定性对企业出口绩效的影响有利于中国政府合理应对外部贸易政策不确定发生变化时，出台相应的政策对冲贸易政策不确定性带来的不利因素，同时为进一步扩大对外开放提供经验证据。具体而言，未来中美两国的贸易政策不确定性仍然不可忽视，中国应该继续坚持扩大对外开放、推动"一带一路"建设、完善区域全面经济伙伴关系以及推动与更多的国家建立深层次的贸易关系，以降低中国存在的贸易政策不确定性，为尽快实现优化企业出口绩效提供良好的外部环境。

（3）从异质性的角度考察贸易政策不确定性对企业出口绩效的影响，有利于指导中国政府针对不同类型的企业实施更为恰当的政策。研究贸易政策不确定对不同贸易方式、所有制类型以及技术水平等级等层面企业的影响，能够尽可能地把握贸易政策不确定性影响企业出口绩效的异质性，可为不同贸易方式、所有制以及技术水平等级的企业制定更有针对性的企业发展、产业升级等相关政策提供依据。

1.2 基本概念界定

1.2.1 贸易政策不确定性

探讨贸易政策不确定性，势必要从更早的不确定性研究出发。最早涉及不确定性研究的是柯尼特（Knight，1921），柯尼特认为不确定性是指不能被计算或者预测的风险。哈特（Hart，1942）在此基础上，认为企业在面临不确定性时，可以通过观望获得不确定性信息，并通过延迟投资来避免。伯南克（Bernanke，1983）在前两位学者的基础上，对不确定性的研究更为深入，他认为个人或企业在投资前有两类信息，一种是已知信息，另一种是不确定信息，需要企业投资后才能获得，不确定信息也是风险的来源。贸易中能够导致不确定性的因素很多，但来自关税政策制定、调整以及执行层面的不确定性,则是贸易不确定性的主要构成部分,称之为贸易政策不确定性(Handley,2014)。本书遵从汉德利(Handley,2014)定义,将贸易政策不确定性理解为国际贸易中的企业或者个人对未来贸易环境(政策),特别是关税政策的把握存在一定难度,从而需要面对不确定的收益或者损失。

1.2.2 企业出口绩效

出口绩效定义为判断企业出口运行状况的"好坏"。判断出口绩效好坏的标准包括绝对标准和相对标准。第一,绝对标准,是对某一时期的出口状况的评价,但现有经济学理论基础并不成熟,并不能得出出口绩效的最优值。因此,绝对标准在现阶段还不成熟,更谈不上从具体的最优值上判断。第二,相对标准,划分为两类:一类是指本国的出口状况相对于其他国家是好还是坏,便于了解本国出口在世界各国中的相对地位;另一类是本国某一时期相对于本国另一个时期的出口状况对比,便于了解本国出口相对于过去的绩效。本书主要基于本国不同时期出口状况的对比。此外,由于出口规模、出口结构升级、出口产品质量以及企业加成率在表征企业出口绩效方面的系统性和不可替代性,近年来被诸多学者采用,因此本书采用企业出口规模、企业出口结构升级、企业出口产品质量以及企业加成率,尽可能全方位地描述企业出口绩效。具体而言:

(1)企业出口规模一般是指企业出口总值(金额)。

(2)企业出口结构一般是指企业在一定时期内,各类出口商品在出口贸易总额中所占的比重。然而我们迫切地需要一种指标来判断企业出口结构变化的好坏,现有刻画出口结构变化的指标有:显示性比较优势指数、劳伦斯指数以及出口相似度指数。显示性比较优势指数,是指一国出口商品在本国出口中所占比重与世界此类产品出口占世界出口的比重之比;劳伦斯指数,是指各类出口商品在出口贸易总额中所占的份额与上一年各类出口商品在出口贸易总额中所占的份额的变动;出口相似度指数,是指一个国家相对于另一国的出口产品集的相似程度。不难看出，上述主要测度结构变化，其好坏变化只能与另一国对比，无法真实评价出口结构变化（其重要假设是对比国家的出口结构是好的，例如美国，但这些假设没有基于本国国情，此外假设对比国家的出口结构是好的，其本身也有一定的局限性）。因此，本书基于出口技术复杂度变化表征企业出口结构升级，具体做法是，我们将产品层面的出口复杂度设定为样本期以前的某个时期，这样做的目的是控制企业出口复杂度的变化是由出口结构变化引致，而非产品层面出口复杂度变化导致。

（3）企业出口产品质量的测度研究。出口产品质量的测度方法主要是单位价格（价值）衡量的方法以及事后推理的方法。其中，前者的依据是单位产品价格代表产品质量（Hallak，2006；李坤望等，2014）；后者的逻辑是给定产品的价格，认为出口量较大的产品拥有较高的质量（Kandelwal et al.，2013）。[①]

（4）企业加成率反映了企业的定价能力，从会计法公式可以看出：$mark$-$up = (P - C)/P$，也就是将价格制定在边际成本之上多大空间的能力，价格高于边际成本的幅度越大（盛丹和王永进，2012；De Loecker et al.，2016），说明企业的定价能力以及竞争力越大，在市场中的话语权越强。企业加成率的计算方法主要有会计法（盛丹和王永进，2012）和生产函数法（De Loecker et al.，2016；毛日昇等，2017）。前者计算对数据要求不高，较为便利，但是计算精度不高，可能会造成一定的误差。而后者对企业加成率的计算更为科学和准确，但对微观层面数据要求较高。

[①] 单位价值量法忽略了产品单位成本、产品差异化程度等因素。事实上，出口产品价格与质量之间的关系不一一对应。

1.3 研究思路与方法

1.3.1 研究思路

本书严格遵从发现问题、分析问题和解决问题的科学思路，紧紧围绕"贸易政策不确定性对企业出口绩效的影响研究"这一主题展开，首先，从实际经济问题出发：改革开放以来，特别是中国加入 WTO 以来，企业出口绩效显著提升，那么究竟是什么因素导致企业出口绩效显著提高？分析其背后的深层次机理，然后从理论视角进行合理的解读，最后从严格实证角度进行验证，得到科学严谨的结论，以期为我国企业出口绩效的提升以及中国政府政策的制定与调整提供理论支持。具体而言：

第一，梳理贸易政策不确定性和企业出口绩效（企业出口规模、企业出口升级、企业出口产品质量以及企业加成率）的相关理论，揭示贸易政策不确定性对企业出口绩效的影响机理。基于此，本书在既有梅里兹（Melitz，2003）模型基础上进行扩展，将贸易政策不确定性引入企业出口绩效的模型中，从而得到包含贸易政策不确定性与企业出口绩效的理论模型，刻画外部冲击对企业出口规模、企业出口结构升级、企业出口产品质量以及企业加成率的影响。

第二，基于美国斯姆特－霍利关税、美国最惠国关税、中国工业企业数据库和中国海关数据库，获取贸易政策不确定性指数、企业出口规模、企业出口结构升级、企业出口产品质量和企业加成率等数据，构建双重差分法检验贸易政策不确定性对企业出口规模、企业出口结构升级、企业出口产品质量以及企业加成率的影响。另外，对异质性企业进行探讨，旨在刻画贸易政策不确定性对企业出口绩效异质性影响。

第三，基于贸易政策不确定性对企业出口绩效的影响机理分析基础上。

进一步，引入中介效应模型，更为深入地考察贸易政策不确定性如何影响企业出口绩效。

1.3.2　研究方法

理论分析与实证分析相结合。首先对贸易政策不确定性对如何影响企业出口绩效（企业出口规模、企业出口结构升级、企业出口产品质量以及企业加成率）进行理论分析，进而在现有梅里兹（Melitz，2003）理论模型的基础上，引入贸易政策不确定性，从而推导出同时涵盖贸易政策不确定性、企业出口规模、企业出口结构、企业出口产品质量和企业加成率的理论模型，其次使用美国斯姆特－霍利关税、美国最惠国关税、中国工业企业数据库和中国海关数据库，获取贸易政策不确定性指数、企业出口规模、企业出口结构、企业出口产品质量以及企业加成率等数据，采用双重差分法，对上述理论分析得出的结论进行检验，同时运用识别假设检验和稳健性检验等手段进一步验证研究结果。

定性分析与定量分析相结合。在贸易政策不确定性的外部因素冲击企业出口绩效的理论分析中，定性总结了贸易政策不确定性影响企业出口规模、企业出口结构升级、企业出口产品质量和企业加成率的中介效应，即：贸易政策不确定性下降通过降低出口固定成本，提高预期收益对企业出口规模产生正面影响；贸易政策不确定性下降通过产品层面的资源再配置对企业出口结构升级产生正面影响；贸易政策不确定性下降通过中间品进口的诱发效应（即中间品质量效应、中间品种类效应和中间品技术溢出效应）对企业出口产品质量产生促进作用；贸易政策不确定性下降通过竞争效应对企业加成率起到重要推动作用。在此基础上，运用数据测算贸易政策不确定程度、企业出口绩效大小、出口固定成本、产品层面资源再配置、中间品进口的诱发效应、企业创新、竞争效应以及贸易政策不确定性异质性影响，涵盖不同企业类型、行业类型中的出口绩效，并借助计量经济模型展开相关检验。

1.4 研究内容与技术路线

1.4.1 研究内容

第 1 章，绪论。这一章主要涵盖本书的研究背景、研究意义、研究思路、研究背景以及研究内容，从整体上介绍本书研究概况，系统梳理写作脉络。

第 2 章，国内外研究现状。对现有贸易研究不确定性和企业出口绩效，包含企业出口规模、企业出口结构升级、企业出口产品质量以及企业加成率的相关文献进行梳理、归纳和总结，找出现有文献研究的不足之处以及可能扩展的方向，为本书的撰写提供广泛而深厚的理论基础，同时在一定程度上为本书的撰写提供可以借鉴的逻辑框架。

第 3 章，模型建立与机制分析。这一章主要由两个部分构成，第一部分是理论分析，首先对相关理论进行梳理，为贸易政策不确定性影响企业出口绩效提供理论依据；第二部分是在梅里兹（Melitz, 2003）模型基础上引入贸易政策不确定性，构建新的理论模型，通过对理论模型的分析，进一步挖掘贸易政策不确定性与企业出口绩效之间的深层次关系。

第 4 章，贸易政策不确定性影响企业出口规模的实证检验。这一章主要包含贸易政策不确定性影响企业出口规模的检验，验证双重差分法有效性的识别假设检验以及稳健性检验，旨在验证第 3 章理论分析的正确性。在此基础上，进一步考察贸易政策不确定性对企业出口规模的异质性，以及通过中介效应模型验证贸易政策不确定性如何影响企业出口规模。

第 5 章，贸易政策不确定性影响企业出口结构升级的实证检验。这一章主要包含贸易政策不确定性影响企业出口结构升级的检验，验证双重差分法有效性的识别假设检验以及稳健性检验，旨在验证第 3 章理论中分析的正确性。在此基础上，进一步考察贸易政策不确定性对企业出口结构升级的异质性，以及通过中介效应模型验证贸易政策不确定性如何影响企业出口结构升级。

第6章，贸易政策不确定性影响企业出口产品质量的实证检验。这一章主要包含贸易政策不确定性影响企业出口产品质量的检验，验证双重差分法有效性的识别假设检验以及稳健性检验，旨在验证第3章中理论分析的正确性。在此基础上，进一步考察贸易政策不确定性对企业出口产品质量的异质性，以及通过中介效应模型验证贸易政策不确定性如何影响企业出口产品质量。

第7章，贸易政策不确定性影响企业加成率的实证检验。这一章主要包含贸易政策不确定性影响企业加成率的检验，验证双重差分法有效性的识别假设检验以及稳健性检验，旨在验证第3章中理论分析的正确性。在此基础上，进一步考察贸易政策不确定性对企业加成率的异质性，以及通过中介效应模型验证贸易政策不确定性如何影响企业加成率。

第8章，结论与展望。这一章主要是对全书进行总结，包括研究结论、政策建议以及对未来研究方向的展望。

1.4.2　技术路线

本书研究技术路线，如图1.2所示。

首先本书的技术路线图按照如下层次逐一展开：

（1）针对当前中美关系中存在的贸易政策不确定性进行多方位的描述。并将其作为整个研究主体内容的开端，其目的在于对本书所要研究的贸易政策不确定性有一个初步的认识，有利于围绕贸易政策不确定性对企业出口绩效的影响研究的开展。

（2）回顾国内外关于贸易政策不确定性影响企业出口规模、贸易政策不确定性影响企业出口结构升级、贸易政策不确定性影响企业出口产品质量以及贸易政策不确定性影响企业加成率的文献，进一步为本书的撰写夯实研究基础。

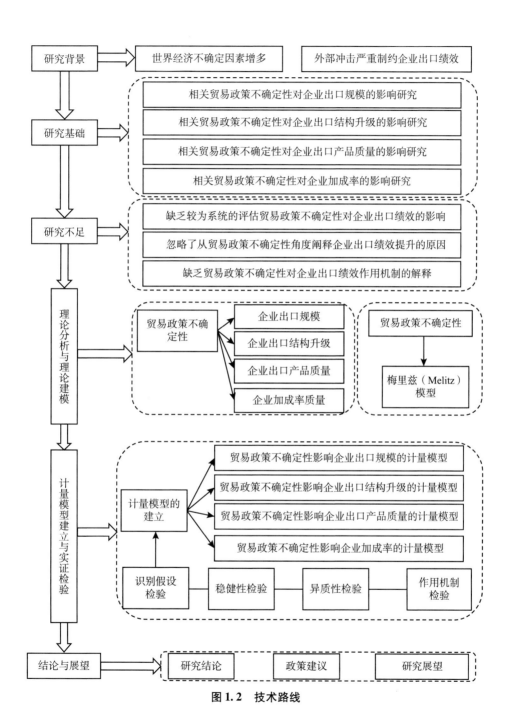

图 1.2　技术路线

（3）从相关文献中找出其中的不足之处，可以归纳为三点：第一，缺乏较为系统的评估贸易政策不确定性对企业出口绩效的影响；第二，忽略了从贸易政策不确定性的角度阐释企业出口绩效提升的原因；第三，缺乏贸易政策不确定性对企业出口绩效作用机制的解释。

（4）通过理论层面的分析，构建贸易政策不确定性影响企业出口规模、企业出口结构升级、企业出口产品质量以及企业加成率的理论模型。

（5）对贸易政策不确定性影响企业出口规模、企业出口结构升级、企业出口产品质量以及企业加成率分别构建计量模型，其目的在于通过实证结论，证明贸易政策不确定性对企业出口绩效理论分析是否正确。

（6）最后基于上述四个实证的研究结论，从企业和政府的角度，提出面对贸易政策不确定性应该如何有效提升我国企业出口绩效的政策建议，并进一步指出本书研究的不足和未来研究展望。

1.5 研究创新与不足

1.5.1 研究创新

第一，理论模型构建上，同时包含贸易政策不确定性、企业出口规模、企业出口结构升级、企业出口产品质量以及企业加成率的理论模型，从理论视角揭示了内外部因素共同作用下企业出口规模、企业出口结构升级、企业出口产品质量以及企业加成率的变动趋势。该理论模型的构建，既能够在开放经济条件下，较好地反映经济发展中企业出口受到贸易政策的冲击，较为真实地模拟了贸易政策不确定下降对企业出口规模、企业出口结构升级、企业出口产品质量以及企业加成率的影响，突破了既有学者仅从贸易自由化视角考察企业出口绩效的局限性，如余淼杰（2012）、周茂等（2016）、盛斌和毛其淋（2017）的相关研究主要聚焦于进口关税削减，而忽略了贸易政策不确定性的下降，又为我国企业出口规模、企业出口结构升级、企业出口产品质量以及企业加成率提升提供一种新的阐述视角。

第二，研究方法上，相较于汉德利（Handley，2014）、冯等（Feng et al.，2017）、周定根等（2019）直接将贸易政策不确定性作为解释变量纳入回归中，本书借助 2001 年中国加入 WTO 这一外生政策冲击构造准自然实验，采用双重差分法识别贸易政策不确定性与企业出口规模、企业出口结构升级、企业出口产品质量以及企业加成率之间的关系，能够较好地解决研究中可能存在的内生性问题。实际上，较准确的因果效应评估仍然是目前研究贸易政策不确定性与企业出口绩效的一大难点，具体体现在：一方面，尽管部分文献指出关税层面的政策变动是外生变量，但出口贸易也会反过来影响贸易政策，从而导致反向因果问题，造成评估结论产生偏误；另一方面，即使控制住了大量同时影响两者的因素，但还是会遗漏某些重要的变量，如出口目的国消费偏好、语言和文化距离等。

第三，影响机制上，与既有文献相比，本书从出口固定成本角度考察贸易政策不确定性对企业出口规模的影响机制，从产品层面资源再配置角度考察贸易政策不确定性对企业出口结构升级的影响机制，从中间品进口的诱发效应角度考察贸易政策不确定性对企业出口产品质量的影响机制，以及从企业创新和竞争效应角度考察贸易政策不确定性对企业加成率的影响机制，明晰了贸易政策不确定性对企业出口规模、企业出口结构升级、企业出口产品质量以及企业加成率的作用机理，加深了对贸易政策不确定性的认识，扩展了现有贸易政策不确定性的研究视野。与此同时，既有文献对企业出口绩效的研究往往集中在出口二元边际，即出口规模和出口产品种类两方面，本书对企业出口绩效的相关文献也进行了丰富和扩展。

第四，贸易政策不确定性异质性影响的引入，揭示了贸易政策不确定性对不同贸易方式、不同企业类型以及不同技术水平的差异化影响，这些经验总结对进一步采取应对措施，对冲贸易政策不确定性带来的不利影响，推动贸易高质量发展有着重要的借鉴意义。

1.5.2 研究不足

第一，本书从出口固定成本角度考察贸易政策不确定性对企业出口规模的影响机制，从产品层面资源再配置角度考察贸易政策不确定性对企业出口技术复杂度的影响机制，从中间品进口的诱发效应时间考察贸易政策不确定性对企业出口产品质量的影响机制，以及从企业创新和竞争效应角度考察贸易政策不确定性对企业加成率的影响机制，尽管本书尝试尽可能全面覆盖贸易政策不确定性的影响机制，但仍无法列举贸易政策不确定性所有的影响机制，仍存在可能遗漏重要的影响机制，对此，笔者将在今后的科研工作中进一步完善相关研究。

第二，本书从贸易政策不确定性下降角度，考察贸易政策不确定性与企业出口绩效之间的关系，缺乏对贸易政策不确定性上升的研究。在数据上主要基于 2000～2007 年，统计周期较为久远，无法解释近年来中美贸易不确定性上升对中国企业出口绩效的影响。

第三，由于笔者研究精力和能力的限制，在建立贸易政策不确定性与企业出口技术复杂度理论模型时，主要从出口产品竞争力角度刻画企业出口结构升级，具有一定的局限性，并不能全面刻画企业的出口结构升级，对此，笔者在今后的工作中会致力于完善相关理论模型的推导，并加强自身的理论推导能力，力求更为准确地反映贸易不确定性对企业出口结构升级的影响。

第 2 章

国内外研究现状

从企业外部环境来看,当前中美之间贸易政策的变化尚不明朗,我国经济面临的贸易政策不确定性仍然较高,而企业出口绩效的好坏决定着我国能否成功从贸易大国转向贸易强国,决定着我国能否按时达到《中国制造2025》所制定的目标。因此,探讨贸易政策不确定性对企业出口绩效的影响及其作用机制,有助于政府和企业合理看待外部环境变化,特别是贸易政策不确定性变化对企业出口绩效的影响,制定对应的政策对冲贸易政策不确定性带来的负面影响。结合上述研究话题,与本书相关的文献主要有四类:第一,贸易政策不确定性的相关研究;第二,企业出口规模的相关研究;第三,企业出口结构升级的相关研究;第四,企业出口产品质量的相关研究。本书对现有文献进行梳理、归纳和总结,发现其中的不足之处,并结合本书的研究,收集上述相关文献可以扩展的地方,为扩展现有贸易政策不确定性的研究做出一定的边际贡献。

2.1 贸易政策不确定性的相关研究

2.1.1 经济不确定性的测算方法及演变

贸易政策不确定性是一个较为抽象的概念，用来表示贸易环境变好或变坏的一个指标，主要测度未来关税变化的概率。如何测度贸易政策不确定性指数一直是学术界上的一个难题，然而经济不确定性的测算方法却为贸易政策不确定性的测度提供了重要借鉴。为了能够深入了解贸易政策不确定性的测算方法，本书先介绍经济不确定性的测度发展，以及贸易政策不确定性与经济不确定性各自测度方法的优缺点。经济不确定性的测度方法主要有代理指标法、调查报告法等。

2.1.1.1 代理指标法

代理指标法的思想是通过能在一定程度上反映经济不确定性的代理指标作为经济不确定性的估计（这些代理指标的特点是较为容易测量，如股票市场波动、行业层面收入变动的离散度以及芝加哥期权市场波动等）。布鲁姆（Bloom，2009）首次针对股票市场，通过对股票市场波动作为经济不确定性的代理指标，具体做法是用向量自回归模型（vector auto regression，VAR）分析了经济活动和不确定性间的关系；类似的还有采用行业层面收入变动离散度（Bloom et al.，2007）、芝加哥期权市场波动（Bekaert et al.，2013）、新闻报纸等媒体关键词频率（Baker et al.，2012，2016；芦丽静等，2016）等。

2.1.1.2 调查报告法

顾名思义，调查报告法主要基于发放调查报告的方式，被调查者需要填写对某项经济指标的主观感受或对未来的预期，并根据这些收集的信息进行离散差异分析。并以此衡量经济政策不确定性。邦伯格（Bomberger，1996）最早采用该方法进行经济政策不确定性的测度。类似的还有经济学家采用 GDP 增长率（GDP 作为衡量宏观经济综合发展的指标，其变化能够较为真实的反映经济环境变化）的预期偏差计算经济不确定性（Bloom et al.，2007；Bloom，2014）、公司销售增长率预期偏差（Schaal，2012）、未来经营状况的预期偏差（Bachmann et al.，2013）、未来通货膨胀率预期偏差（Giodano，2003；Mankiw，2004）等。

2.1.2 贸易政策不确定性的测算方法

贸易政策不确定性的测算方法主要基于关税测量法，该类方法的特点是数据较易获得、容易操作。汉德利和利马奥（Handley and Limao，2017）认为尽管中国在 1980 年就获得了暂时的最惠国关税，中国出口产品享受最惠国关税待遇，但是这种待遇是暂时的，并没有消除中国出口至美国的贸易政策不确定性，直到中国加入 WTO，授予中国永久最惠国地位，这种不确定性才得以消除。具体来说美国于 2002 年 1 月 1 日给予中国永久正常贸易关系地位。在此之前，中国出口商面临着背负惩罚性"非贸易关系"关税的风险。在国会的证词中，罗伯特·莱特希泽（Robert Lighthizer）表示，非《全面贸易协议》的高关税威胁是真实存在的。在 20 世纪 90 年代，美国国会每年都进行激烈的辩论，以推翻总统豁免延长中国临时 NTR 地位的决定。因此，赋予中国正常贸易关系地位终结了国会年度审查带来的不确定性，这意味着中国企业出口将获得更高的预期回报。

贸易政策不确定性的测算方法一般基于斯姆特 - 霍利关税（Smoot-Hawley Tariff）和最惠国关税（MFN Tariff）的一阶差分。但在具体形式上又分为三种：第一，汉德利和利马奥（Handley and Limao，2017）采用 $TPU_f = 1 - \left(\frac{\tau_f^{col2}}{\tau_f^{mfn}}\right)^{-\sigma}$ 的方式测度贸易政策不确定性；第二，皮尔斯和肖特（Pierce and Schott，2016）、毛其淋和许家云（2018）采用 $TPU_f = \tau_f^{col2} - \tau_f^{mfn}$ 的方式测度贸易政策不确定性；第三，毛其淋（2020）、刘和马（Liu and Ma，2020）还采用 $TPU_f = \ln\left(\frac{\tau_f^{col}}{\tau_f^{mfn}}\right)$ 的形式测度贸易政策不确定性。

2.1.3　贸易政策不确定性与经济不确定性对比

贸易政策不确定性与经济不确定性对比，如表2.1所示。

表2.1　　　　　　　　　贸易政策不确定性与经济不确定性对比

方法类别		测度方式	优点	缺点
经济不确定性	代理指标法	①股票市场波动②行业层面收入变动③芝加哥股权市场波动④新闻报纸等媒体关键词频率	原理明晰、简单易用，使用范围非常广泛，代理指标一般客观可信；指标易于得到且均能在一定程度上反映不确定性	所选的代理指标较单一，难以完全反映宏观经济整体情况；指标难以准确反映不确定性的定义；关键词扫描频率法、大数据方法均基于相关性分析；代理指标结构较为确定，难以灵活调整
	调查报告法	①计算主观预期偏差②计算预期与实际偏差③计算条件预期偏差④计算当前感知偏差	从不确定性的定义出发，找到了计算落脚点，思路清晰，结果的意义明确；调查指标、受调查群体、规模、周期和跨度均能自由调节；数据处理、计算过程较简单	需要获得较丰富的主观调查数据，样本的大小和组成难以确定，太大难以收集处理，太小没有足够的代表性，数据搜集和处理工作繁重；单个指标难以覆盖经济整体，多个指标权重难以分配

续表

方法类别		测度方式	优点	缺点
贸易政策 不确定性	关税 测量法	贸易政策不确定性的测算方法一般基于斯姆特 - 霍利关税与最惠国关税的一阶差分。但具体形式上又分为三种： $TPU_f = 1 - \left(\dfrac{\tau_f^{col2}}{\tau_f^{mfn}}\right)^{-\sigma}$, $TPU_f = \tau_f^{col2} - \tau_f^{mfn}$, $TPU_f = \ln\left(\dfrac{\tau_f^{col}}{\tau_f^{mfn}}\right)$	指标易于得到且便于操作，关税层面的指标变化能在一定程度上反映贸易政策不确定性	一般只能测度贸易政策不确定性下降的幅度；相对于经济不确定性的测度方法过于主观，能够减少评估过程中带来的偏误

2.1.4 贸易政策不确定性的宏观经济影响

早期关于贸易政策不确定性对企业影响的研究，更多的关注贸易政策不确定性对企业生产性投资的挤出效应，其结论是贸易政策不确定性导致企业收益是不确定的，当贸易政策不确定性上升，进口国增加关税的概率增加，将直接导致企业预期利润的降低，一旦企业预期利润的折现值低于投资的沉没成本，企业就会停止投资（Bernanke，1983；Baldwin and Krugman，1989）。此后，更多的贸易政策不确定影响效应研究开始涌现。汉德利（Handley，2014）在梅里兹（Melitz，2003）异质性模型的基础上，引入贸易政策不确定性因子，并在此基础上扩展和构建一种新的动态的异质企业模式，他认为贸易政策的不确定性将推迟企业进入出口市场，并影响企业对当前应用的关税做出判断。只有当出口国加入 WTO 后，在约束性关税条款的约束下，贸易政策不确定性才会下降，此时预期利润增加将引致企业进入出口市场的数量增加。在实证方面，基于澳大利亚产品层面的数据，研究发现1993～2001 年如果没有履行有约束力的承诺，澳大利亚的出口产品种类将在当前基础上减少7%。汉德利和利马奥（Handley and Limao，2017）将贸易政策不确定性纳入一般均衡理论模型，从企业进入出口市场角度，检验贸易政策不确定性对贸易规模、产品价格和实际收入的影响。实证结果表明中国 2001 年加入 WTO 后，消除了美国发生贸易摩擦的可能，此外，研究发现 2000～2005 年中国对美国出口增长 30%，主要归因于贸易政策不确定性的降低，中国的出口扩张也导致美国产品价格的降低，增加了美国社会福利（如消费者的收入）的增长。皮尔斯和肖特（Pierce and Schott，2016）研究了美国对中国贸易政策改变与美国制造业就业之间的关系，研究发现美国消除了中国面临的贸易政策不确定性，增加了中国的出口规模，减少美国国内劳动密集型行业，导致了美国就业大幅度下降。稳健性检验发现欧盟早在 1958 年就授予中国最惠国政策，而中国 2001 年加入 WTO，对欧盟的就业没有出现类似的状况，进而证明中国贸易政策不确定性的降低是美国就业急剧下降的原因。上述研究结论为中国加入 WTO 背景下，贸易政策不确定性冲击如何驱动中国出口规模增长提供了相关经验证据。理论上中国与世界各国签订自由贸易协定，一定程度上也会改善贸易环境，降低贸易政策不确定性，那么自由贸易协定究竟是否会降低贸易政策不确定性呢？钱学锋和龚联梅（2017）在系统评估自由贸易协定的签订与宏观经济二者之间的关系基础上，通过实证检验分别模拟了中国与各国签订区域全面经济伙伴关系协定（RCEP）与制造业出口之间的关系以及跨太平洋伙伴关系协定（TPP）与制造业出口之间的关系。该研究从贸易政策不确定性这一深层次视角，阐述了贸易协定能够发挥降低协议双方的贸易政策不确定性的效用，进而将问题转移至贸易政策不确定性如何影响制造业出口。机制检验结果表明，贸易政策不确定性通过集约边际（出口规模扩张）影响制造业出口，反事实模拟结果表明，出口增长 3.86% 归因于加入区域全面经济伙伴关系协定（RCEP），而加入跨太平洋伙伴关系协定（TPP）将促进出口增长 16.28%，在一定程度上也验证了相关自由贸易协定确实会降低伙伴国之间的贸易政策不确定性，同时也为贸易政策不确定性下降会扩大出口规模奠定了理论基础。韩慧霞和金泽虎（2019）基于 2007～2017 中美贸易政策不确定性指数，通过整理和归纳微观数据分析，实证发现贸易政策不确定性的提高会抑制中国外贸产业升级，此外，通过贸易政策不确定性异质性影响研究还发现，贸易政策不确定性对不同地区影响的时间和程度也有一定的区别。汪亚楠等（2020）在钱学锋和龚联梅（2017）的研究基础上进一步证实了相关自由贸易协定能够降低贸易政策不确定性，通过分析各国与中国签约的国家贸易数据中，实证结果表明签订自由贸易协定有利于出口扩张和出口升级，这在一定程度上同样证明了签订自由贸易协定有利于贸易政策不确定的下降。从作用路径看，贸易政策不确定性下降通过对外直接投资（OFDI）促进出口扩张和出口升级。赵春明等（2020）着眼于贸易政策不确定性与地区产业结构升级之间的深层次关系，与汉德利（Handley，2014）类似，利用以 2001 年中国加入 WTO，中国面临的贸易政策不确定性降低这一历史时刻构建双重差分法，双重差分法的回归结果表明贸易政策不确定性下降促进了地区产业结构升级。此外，研究结论还发现，贸易政策不确定性对内陆地区以及设有开发区的城市的升级效应更为显著，这同样表明了贸易政策不确定性对不同地区、不同城市存在异质性影响。李志阳（2020）基于动态随机一般均衡模型，以宏观经济角度为切入点，研究了中美贸易政策不确定性通过减少总产出和减少总投资等途径抑制了中国宏观经济的增长，这在一定程度上扩大了贸易政策不确定性的研究视角。邓小华和陈慧玥（2020）研究了贸易政策不确定性对出口二元边际的影响，其中异质性分析表明贸易政策不确定性对新兴国家的影响更大，同时还发现国家政治水平起到了重要的调节作用，表现为国家政治水平越高，抑制作用越大。

2.1.5 贸易政策不确定性的微观经济影响

尽管已有文献对贸易政策不确定性与宏观经济之间的关系进行了系统的研究，但是并未考虑微观企业层面的异质性问题，因而只能给出整体宏观层面的研究结论。随着微观理论的发展以及微观数据可获得性的提高，国内外学者进一步扩展研究，开始关注异质性企业层面。与传统生产率决定企业出口决策不同，冯等（Feng et al.，2017）将贸易政策不确定性引入企业异质性模型，深入分析了贸易政策不确定性如何影响企业出口决策，研究发现贸易政策不确定性下降会降低进入出口市场的生产率门槛，这隐含着，之前不符合出口资格的企业达到了出口资格，换言之，更多的企业能够达到出口市场的门槛，这必将引致企业进入出口市场数量的增加。此外，该研究发现贸易政策不确定性的下降会引导"质优价低"的企业进入出口市场，而"质劣价高"的企业退出市场。从实证结果看，该研究基于 2000～2006 年中国企业出口产品层面的数据集，进一步验证了中国加入 WTO 确实降低了中国企业面临的贸易政策不确定性，同时促进了企业进入和退出出口市场的频率。刘和马（Liu and Ma，2020）研究发现贸易自由化可以通过减少目标市场的贸易政策不确定性（TPU）来诱导创新的新渠道。为验证这一关联，该研究同样以 2001 年中国加入 WTO 所带来的贸易政策不确定性显著下降作为准自然实验。研究发现，加入 WTO 后，不确定性降低程度越高的企业，其发明专利申请数量越高。研究还发现，贸易政策不确定性降低对企业创新的影响，受到其生产率、所有制、出口地位和投资不可逆性的不同而产生不同的效果。

从国内研究来看，佟家栋和李胜旗（2015）是国内最早从微观产品的视角研究了贸易政策不确定性、进口关税与中国出口企业的产品创新之间的关系，研究结果表明贸易政策不确定性的下降显著促进了出口企业的产品创新。同时该文献还进行了详细的异质性研究，从回归结果看，贸易政策不确定性下降对外资企业、加工企业以及进入企业的出口产品创新提升作用更加明显。此外，贸易政策不确定性还因不同的时间和出口国产生差异化影响，相对于 2001～2003 年以及出口至发展中国家相比，2004～2006 年以及出口至发达国家的企业产品创新促进作用更大。苏里梅等（2016）针对中国加入 WTO 后，美国对中国关税政策调整这一历史事件，使用双重差分法分析贸易政策不确定性对出口产品质量的影响。双重差分法实证结果表明，贸易政策不确定性的下降并不利于我国出口产品质量的提升，相反还具有负向作用，这一结论与现有文献支持贸易自由化会促进我国出口产品质量提升所不同，这是因为贸易政策不确定性下降会降低企业进入门槛（李坤望等，2014），导致大量生产低质量产品的企业进入，那么低质量产品集聚于出口市场便会降低我国出口产品的整体质量，这一结果在一系列稳健性检验后，依旧稳定。在此基础上，该研究还发现持续生存企业在面临贸易政策不确定性下降后，短时间内也无法提高其出口，进而总体上不利于我国出口产品质量的提升。徐卫章和李胜旗（2016）系统讨论了贸易政策不确定性与中国出口企业加成定价之间的关系。回归结果显示贸易政策不确定性的下降显著促进了中国出口企业加成定价，异质性回归结果显示贸易政策不确定性对外资企业、加工贸易企业的加成定价促进效果更为明显。此外，还发现贸易政策不确定性对出口企业加成率的影响还存在一定的时间异质性，即贸易政策不确定性下降对出口企业加成率在短时间并不明显，但长时间看较为显著（表现为时滞性）。陈虹和徐阳（2018）与皮尔斯和肖特（Pierce and Schott，2016）不同的地方在于，皮尔斯和肖特（Pierce and Schott，2016）研究的是中国贸易不确定下降对美国就业的影响，而陈虹和徐阳（2018）着眼于贸易政策不确定性对企业就业人数的影响研究。研究结论表明，2000～2006 年随着贸易政策不确定性的下降，显著促进了企业就业人数的增长，这也在一定程度上证明了皮尔斯和肖特（Pierce and Schott，2016）结论的正确性，进一步揭示其原因在于贸易政策不确定性的下降促进了企业出口产品的范围，进而促进了企业就业人数的增加。孙一平等（2018）将研究视角转移到企业工资不平等上，认为贸易政策不确定性下降扩大了企业工资不平等的水平。进一步地，对私营企业、国有企业和外资企业进行了分样本研究，研究结论表明，贸易政策不确定性下降对国有企业的工资不平等水平影响更大。周定根等（2019）针对出口稳定性的研究发现，贸易政策不确定性的下降促进了企业出口的稳定性（即出口的持续性角度）。之所以出现这样的现象是因为，贸易政策不确定性的存在会导致企业选择"观望"（wait and see）而不是选择出口，这将不利于企业出口的稳定性。魏悦羚和张洪胜（2019）考察了贸易政策不确定性对出口和生产率两个方面的影响，研究表明贸易政策不确定性对中国出口金额、出口数量以及生产率均具有促进作用。此外通过构建三重差分计量方程，还发现贸易政策不确定性下降对外资企业的生产率的促进效果更好。郭晶和周玲丽（2019）为了更好地区分贸易政策不确定性的类别，在相关研究基础上更加细分贸易政策不确定性，按照产品贸易方式划分为进口贸易政策不确定性和出口贸易政策不确定性，在此基础上，还加入了关税变动因素。研究结果表明，出口贸易政策不确定性不利于企业生存，而出口关税则有利于企业生存。异质性研究说明，中小企业和本土企业受到负面影响更大。李敬子和刘月（2019）从影响途径、出口异质性、企业异质性和行业异质性等角度，探讨了贸易政策不确定性下降与研发投资之间的正相关关系。从影响途径看，政府补贴、企业出口以及融资约束都是贸易政策不确定性的影响中介。从异质性研究看，贸易政策不确定性对出口企业、国有企业以及高技术企业的影响更大，能够最大程度地促进其研发投资。孙林和周科选（2020）以东盟自由贸易协定为例，研究发现贸易政策不确定性下降促进了出口企业的产品质量。毛其淋（2020）与贸易政策不确定性对出口的影响不同，其首次将研究视角转移到贸易政策不确定性对进口产品的影响，在此基础上还对进口产品进行异质性分析。研究发现：贸易政策不确定性下降促进了企业进口，其中出口规模扩大与融资约束减小是贸易政策不确定性下降后扩大企业进口的途径。谢杰等（2021）在徐卫章和李胜旗（2016）企业加成率研究的基础上，更为深入地研究了贸易政策不确定性的作用机制，其观点认为企业不会立即对关税削减的行为作出反应。研究发现贸易政策下降通过创新等行为促进企业加成率，并且出口产品质量和中间品进口是更为重要的途径。

2.1.6　贸易政策不确定性的其他方面的研究

与上述文献从宏观和微观角度分析了贸易政策不确定性的经济效应不同，一些学者对贸易政策不确定性的经济效应影响产生质疑，认为贸易政策不确定性的下降并没有促进企业出口。王璐航和首陈霄（2019）坚定地认为控制其他政策（如纺织和服装出口配额）的影响后，贸易政策不确定性的下降并没有促进中国出口显著增长。这是因为并没有证据表明中国加入 WTO 之前，美国对中国征收关税的概率会上升。此外，沉没成本并非是影响企业进入出口市场的决策重要中介（此前研究认为沉没成本是影响企业出口决策的重要因素）。还有一些学者对贸易政策不确定性的文献进行了梳理和总结。例如，龚联梅和钱学锋（2018）、余智（2019）归纳总结了贸易政策不确定性的定义、测量方法、理论机制与意义，有利于对贸易政策不确定性理论研究进展的把握与归纳。

2.2 出口规模的相关研究

2.2.1 出口规模的测算方法

出口规模往往决定着一国经济的发展，因此，一方面国际贸易相关研究绕不开对出口规模的深入分析，伴随着我国出口规模的越来越大，出口规模的定性和定量研究越来越受到学者们的重视。另一方面为了扩大我国对外出口规模，基于出口规模的各种影响因素的研究显得尤为重要，只有精准地测度企业出口规模大小，才能为后续研究展开更为严谨的经验研究。出口规模的主要度量方式主要有两种：传统贸易统计的方法以及基于增加值核算的方法。传统贸易统计的方法有计算企业出口产品贸易价值（金额）或出口产品的数量的简单加总。这种方式计算较为直接和测算方便。但是有些学者认为，基于传统贸易统计的方法可能会夸大出口贸易的作用，这是由于大量加工贸易的存在，垂直专业化的贸易方式在世界经济中普遍存在，即当前一种商品的制造涉及多个国家，如果将整个商品的金额都归于我国的出口额中，可能会存在夸大出口规模的现象。在此基础上，有些学者提出应该基于增加值进行核算。

基于增加值核算的方法主要有 HIY 法、DRS 法。胡梅尔斯等（Hummels et al.，2001）在垂直专业化概念基础上，利用投入产出方法计算出口贸易增加值。杜阿丁等（Duadin et al.，2011）发现 HIY 法的缺陷在于，难以满足进口中间品 100% 来自国外增加值以及所有出口产品的进口投入的相等的两个假设。因此，杜阿丁等（Duadin et al.，2011）考虑了再进口情形下的国内增加值（DRS 法）。并给予 GTAP 数据库的投入产出报表，重新计算了出口贸易增加值。由于 GTAP 的数据更加翔实，其假设条件更为一般。进一步地，库普曼等（Koopman et al.，2011）和斯特尔（Stehrer，2012）也对 DRS 法的有效性提出了质疑，指出 DRS 法并没有区分进口中间品和最终品，并将计算投入产出表的数据库之前 GTAP 数据库改为 WIOD 数据库，WIOD 数据库中的投入产出表是欧盟委员会编制，能够清晰地区分中间品和最终品。

2.2.2 出口规模的影响因素研究

回顾既有研究企业出口产品技术含量的推动或制约因素的文献。主要可归纳为五个方面：贸易成本（trade costs）、融资约束（financing constraints）、贸易自由化（trade liberalization）、文化距离（cultural distance）、外部冲击（external shocks）。

贸易成本是企业出口的决定因素，贸易成本的大小也制约着企业的出口规模，当贸易成本过大，企业将减少出口甚至停止出口，当贸易成本减小，预期收益增加，将直接引发企业扩大出口规模。然而贸易成本如何分类，贸易成本如何测度，除了影响企业收益，贸易成本还通过何种途径影响贸易规模，这些都是学术界亟需解决的问题。对此，学者们对此展开深入研究。安德森和万坎普（Anderson and van Wincoop，2004）对贸易成本进行了详细的研究，该研究认为贸易成本很高，包括从生产商到最终用户获取商品所涉及的所有成本。国际贸易成本和本地分销成本都非常高，并共同主导着边际生产成本。各国之间的贸易成本差异也很大，平均而言，发展中国家的贸易成本要高得多，在某些重要行业中要高出两倍或以上。贸易成本在不同产品线之间也相差很大，相差多达十倍甚至更多。伯纳德等（Bernard et al.，2007）发现贸易成本与目标市场的距离呈现正相关关系，即目标市场距离越远，贸易成本越大。研究还发现，贸易成本主要影响扩展边际。达斯等（Das et al.，2007）量化了沉没进入成本和出口利润的异质性，并利用哥伦比亚化工和皮革产品生产商的销售和生产成本的企业级数据构建计量模型。研究结果表明，出口成本是巨大的，此时生产者不会选择出口，除非他们预期的未来出口利润的现值很大。玛蒂娜（Martina，2008）以美国出口的数据为基础将出口分解为出口公司的数量（扩展边际，extensive margin）和平均出口销售额（集约边际，intensive margin），并研究了贸易成本如何对这两个边际（扩展边际和集约边际）产生不同的影响。研究发现：贸易成本对两个边际都有负面影响，但是相对于集约边际，扩展边际的影响显然更大。伊顿等（Eaton et al.，2008）基于 1996～2005 年哥伦比亚出口数据，研究发现每年有大量新的哥伦比亚出口商出现在国外市场，但是大多数在第二年退出，部分出口企业存活下来并迅速生长。尽管，从任何一个年份看这些存活下来的企业对总出口销售额贡献都很小，但是在更长的时间来看，其贡献是显著的。这是由于出口贸易成本是巨大的，导致大量出口企业在第一年难以存活，选择退出市场，但是生存下来的企业会给自身一个成功的信号，即较大市场试水的预期收益将超过贸易成本，进而扩大出口规模。钱学锋（2008）基于 2003～2006 年中国出口数据，并将中国出口贸易总额分解为集约边际和扩展边际，实证结果表明，中国出口贸易总额增长主要由集约边际所致。此外，影响机制表明，贸易成本下降通过扩展的贸易边际来促进中国出口总额的增长。钱学锋和熊平（2010）对可能影响中国出口二元边际（扩展边际和集约边际）的因素进行了深入研究，通过构建 Tobit 模型研究发现，可变成本和贸易成本对集约边际（出口数量）都产生了显著的负向影响。马涛和刘仕国（2010）在相关文献研究的基础上确认了中国贸易增长主要源于集约边际的增长，并进一步发现，贸易成本通过扩大进口增长，进而扩大出口规模，将研究视角转移至进口，在一定程度上丰富和扩展了现有文献的研究结论。

另外，部分研究探讨了融资约束对企业出口规模的影响，马诺娃（Manova，2008）利用 1980～1997 年 91 个国家的股票市场自由化对出口行为的影响，研究发现，股票市场自由化对出口规模具有显著的促进作用，这一情形对那些股票市场最初不那么活跃的经济体，股票市场自由化的影响更大。穆乌斯（Muuls，2008）考察了融资约束与企业出口之间的关系，研究发现：第一，如果企业拥有更高的生产率水平和更低的金融约束，将促进企业的出口；第二，金融约束主要影响企业出口的扩展边际；第三，贸易成本越高，其出口规模越小。伯曼和埃里库尔（Berman and Héricourt，2010）利用 9 个发展中国家和新兴经济体的大型跨国企业数据库，研究发现良好的财务健康状况既不能增加企业进入市场后继续成为出口商的可能性，也不能增加出口的规模。研究还发现，生产率和融资渠道之间存在着积极的互动关系，生产率仅在高于给定的融资门槛时才成为出口决策的重要决定因素；在存在重要信贷限制的情况下，生产率和出口状况是脱节的。金融发展减少了这种脱节，从而对出口商的数量和进入出口市场的选择过程都产生了积极作用。在金融发达国家，出口企业的生产率更高，因此出口的数量也更大。贝洛内等（Bellone et al.，2010）利用法国制造企业的数据，分析了金融因素与企业出口行为之间的联系，研究发现融资约束对企业出口扩张产生显著的负向作用。马诺娃等（Manova et al.，2011）利用中国微观企业出口数据，研究发现融资约束严重限制了企业的整体出口销售，并阻碍了它们进入更多目的地市场的能力，限制了它们贸易的产品范围。进一步研究表明，与国内私营企业相比，跨国公司附属公司和合资企业在中国的出口绩效更出色。林玲等（2009）基于 1999~2006 年省级面板数据，研究发现金融发展促进了企业出口绩效，然而尽管集体企业和私营企业在中国出口绩效中扮演着重要角色，但由国有银行的垄断市场地位而产生的金融约束不利于集体企业和私营企业的出口绩效的提升。类似地，孙灵燕和崔喜君（2011）也研究了金融约束对企业出口的影响，然而不同的是，该研究聚焦于民营企业，研究发现民营企业相对于国有企业存在更为严重的融资约束。更为重要的是外商直接投资只能缓解合资企业的融资约束，而非合资企业只能依靠金融市场的发展与完善。于洪霞等（2011）认为融资约束限制了企业出口能力，这一结果在排除了一系列的内生性问题后依旧稳定。孙灵燕（2012）也得出相同的结论，认为金融约束对民营企业的影响更大，金融约束的存在严重抑制了企业出口，这主要归因于银行系统对民营企业的"借贷歧视"，即银行更倾向于贷款给国有企业和外资企业。阳佳余（2012）将视线同时对准了企业出口概率和企业出口规模，考察了融资约束对这两种出口活动的影响，研究发现融资约束的缓解有利于促进企业出口概率和企业出口规模。陈琳等（2012）对融资约束进行了更为细致的划分，具体划分为企业内部流动性和外源性融资约束，多元概率比（probit）回归结果显示，企业内部流动性对企业出口量具有显著的促进作用，而外源性融资约束不仅会抑制企业出口量，还会抑制企业出口决策。刘海洋等（2013）以非正规金融信贷为视角，考察金融约束对企业出口的影响，研究结果显示，金融约束抑制了企业出口，并且这种抑制作用对中小企业、私营企业和东部地区的企业影响更大。毛毅（2013）同时聚焦于企业出口概率和企业出口收益，研究表明金融约束对企业出口概率和企业出口收益均产生了抑制作用，而金融发展可以缓解这种抑制效果。李志远和余淼杰（2013）研究了生产率和金融约束如何共同作用于企业出口，研究结果显示生产率通过企业融资来影响企业出口，具体来说，生产率越高，其出口项目成功率越高，越容易获得银行的青睐（融资约束较少），进而促进企业出口量，而外资企业容易获得外商直接投资，面对银行的融资约束较少。张杰等（2013）对融资约束异质性进行了详细的研究，从全样本看，融资约束抑制了扩展边际，但促进了集约边际，在删除加工贸易企业样本后，融资约束对扩展边际和集约边际都产生抑制作用，此外，研究结果还表明私营企业受到融资约束的抑制作用更大。文东伟和冼国明（2014）基于生产率悖论的基础上，解释了生产率并非是决定企业出口的决定因素，反而是融资约束较少的企业，更容易参与到出口市场。孙楚仁等（2014）从融资成本角度分析融资约束与企业出口以及出口额的关系，研究表明企业融资成本越大，其出口概率和出口金额越大，这一结论与传统直觉不同，提供了较为新颖的观点。程玉坤和周康（2014）考察了多产品企业融资约束与企业出口之间的关系，该研究同样证明了企业融资约束对企业出口额具有抑制作用，民营企业依旧是融资约束的重灾区。吕朝凤（2015）考察了 2004～2007 年融资约束对地区出口绩效的影响，研究发现融资约束是促进企业出口绩效（企业出口额）的一个重要渠道。此外，金融发展能够缓解融资约束带来的不利影响。项松林（2015）认为金融市场发展滞后是影响企业出口的一个重要因素，这是由于金融市场发展滞后会降低老产品出口的门槛，而外部融资约束会制约新企业进入出口市场，两种影响共同作用的结果就是金融市场发展滞后会促进集约边际而抑制扩展边际。祝树金等（2017）利用 2000～2013 年 25 个制造业行业数据，构建 GMM 计量模型，研究发现，融资约束对企业出口的扩展边际和数量边际均具有显著的抑制作用。此外，还得出融资约束对劳动密集型行业的影响更大。

随着全球经济一体化发展，特别是世界贸易组织（WTO）的建立，降低关税壁垒为基础的全球贸易自由化进程不断深入发展，越来越多的学者关注贸易自由化对贸易规模的影响。费尔伯迈尔和科勒（Felbermayr and Kohler, 2007）利用涵盖 1950～1997 年世界贸易的数据集，构建引力模型并借助 Tobit 方法考察双边贸易关系与出口二元边际之间的关系。研究结果显示双边贸易关系有利于出口规模的增长，进一步研究发现加入关贸总协定或 WTO 更有利于出口贸易。伊托（Ito, 2008）认为北美自由贸易协定的签订，有利于墨西哥对美国出口产品种类的增加。莫利纳（Molina et al. , 2010）利用 2002～2009 年按产品和目的地分类企业层面数据集，考察了在加入多米尼加 - 中美洲自由贸易协定（DR-CAFTA）后对出口商影响，研究发现在加入 DR-CAFTA 后多米尼加出口商增加了企业利润，并减少了出口商退出出口市场的概率。本萨斯等（Bensassi et al. , 2014）研究发现欧洲联盟条约的签订，其中共同的运输政策是该条约的重要条款之一，该运输政策的目标是建立一个跨欧洲运输网络。为了实现这一目标，欧洲旨在改善现有的运输基础设施和建立跨欧洲运输网络，这极大地促进了西班牙的出口。盛斌等（2011）认为中国加入 WTO 以来，极大地促进了出口贸易发展，2009 年我国成为出口和贸易盈余第一大国。

近年来，国内外学者注意到文化距离对出口规模的影响，较好地弥补了对出口规模影响因素的研究。安德森（Andersson, 2007）基于 1997～2003 年 170 个瑞典出口国家的数据，构建引力方程，研究发现对目标市场的熟悉程度是影响出口规模的重要因素，这是因为目标市场的熟悉程度往往与进入市场的固定成本相关，即目标市场越熟悉，进入市场的固定成本越低。陈昊和陈小明（2011）基于中国宏观出口数据，样本期为 2002～2011 年，考察了文化距离对出口贸易的影响，研究发现文化距离对出口贸易额具有显著的抑制作用，但这种影响并非简单的线性关系，而是类似 S 形的关系，这对当前的文化距离研究是一种有益的补充。尚宇红和崔惠芳（2014）将视角聚焦于中国与中东欧国家的贸易关系，研究发现文化距离抑制了中东欧国家间双边货物贸易。研究还发现文化距离对中国进口贸易也产生了较强的负效应。田晖（2015）在尚宇红和崔惠芳（2014）基础上进一步研究文化距离对进出口贸易的影响，研究发现国家间的文化距离对出口的影响比进口的影响更大。田晖和颜帅（2015）通过 1998～2012 年中国对 43 个国家文化产品数据分析，得出文化距离对文化产品出口总量具有显著的负向作用。范兆斌和黄淑娟（2017）将研究视角扩展至文化距离，检验了文化距离对贸易的影响，通过对"一带一路"国家数据的梳理以及构建随机前沿引力计量模型，研究发现文化距离对"一带一路"沿线国家的出口贸易显示出显著的门槛效应。即文化距离较小时，会促进沿线国家的出口贸易，而当文化距离较大时反而会对出口贸易产生抑制效果。与范兆斌和黄淑娟（2017）研究不同的是郭新茹等（2018）得出相反的结论，即文化距离较小时先负向抑制作用，当文化距离较大时产生正向促进作用。彭雪清等（2019）从中国对东盟文化产品出口角度进行论证，该研究认为文化认同促进了中国对东盟文化产品的出口，并起到重要的推动作用。

最后，出口规模的影响因素研究，就不得不提及外部冲击的影响。伯纳德等（Bernard et al.，2009）调查了 1997 年亚洲金融危机前后美国的进出口行为。研究结论显示外部冲击对美国出口的主要表现在规模扩张方面，即出口规模下降以及进口规模的增加。研究还发现，金融危机的相关联国家表现为进出口急剧扩张，此外跨国公司对宏观经济冲击的反应更加强烈。钱学锋和熊平（2010）为了考察外部冲击对中国出口的影响，分别以东南亚金融危机以及 2000～2001 年世界经济衰退为例，得出类似的结论，即外部冲击对出口规模影响更大，而对出口产品种类影响较小，为企业面临外部冲击不利局面下，拓展自身的扩展边际提供了一定的指导意义。

2.3　出口结构升级的相关研究

2.3.1　出口结构升级的测算方法

本书在第 1.2.2 节企业出口绩效部分简单地描述了出口结构升级的相关指标，本节接下来将具体介绍这些指标的测算方法。企业出口结构，一般是指企业在一定时期内，各类出口商品在出口贸易总额中所占的比重。然而我们迫切地需要一种指标来判断企业出口结构变化的好坏，现有刻画出口结构变化的指标主要有：显示性比较优势指数、劳伦斯指数、结构优化指数以及出口相似度指数。显示性比较优势指数，是指一国出口商品在本国出口中所占比重与世界此类产品出口占世界出口的比重之比；劳伦斯指数，是指各类出口商品在出口贸易总额中所占的份额与上一年各类出口商品在出口贸易总额中所占的份额的变动；结构优化指数，反映一国出口结构是否向世界的动态需求方向变动；出口相似度指数，是指一个国家相对于另一国的出口产品集的相似程度。不难看出，上述主要测度结构变化，其好坏变化只能与另一国对比，无法真实评价出口结构变化（其重要假设是对比国家的出口结构是好的，如美国，但这些假设没有基于本国国情，此外假设对比国家的出口结构是好的，其本身也有一定的局限性）。因此，本书基于出口技术复杂度变化表征企业出口结构升级，具体做法是，我们将产品层面的出口复杂度设定为样本期以前的某个时期，这样做的目的是控制企业出口复杂度的变化是由出口结构变化引致，而非产品层面出口复杂度变化导致。

2.3.1.1　显示性比较优势指数

巴拉萨（Balassa，1977）较早剔除比较优势的概念，即一国某种出口商品在本国出口中所占的比重与世界各国占世界各国总出口的比重之比。将显示性比较优势指数（RCA）表示为：

$$RCA_{ij} = \frac{X_{ijt}/X_{it}}{X_{njt}/X_{nt}} \qquad (2.1)$$

其中，下标 i、j、t、n 分别代表国家 i、产品 j、年份 t、世界各国 n；X 代表出口值。在现实研究中，n 往往根据研究对象的不同，所代表的范围也不同[①]。然而显示性比较优势指数也有其局限性，如具有剧烈波动的产品，只适用于跟别的国家（地区）比较，无法和自身不同时间进行比较。

2.3.1.2　劳伦斯指数

劳伦斯指数主要刻画出口结构变化程度大小。其计算方法如下：

$$L = \frac{1}{2}\sum_{i=1}^{n} |S_{it} - S_{it-1}| \qquad (2.2)$$

其中，$S_{it} = \dfrac{X_{it}}{\sum_i X_{it}}$，$S_{it}$ 表示 i 产品在 t 年一国总出口所占的份额。劳伦斯指数的变动范围在 $0 \sim 1$ 之间[②]。

2.3.1.3　结构优化指数

反映一国出口结构是否向世界的动态需求方向变动。其计算方法如下：

$$BSCI = \sum_{i=1}^{n}\left\{\left(\frac{X_{it}/\sum_i X_{it}}{X_{it-1}/\sum_i X_{it-1}} - 1\right) \times \left[\frac{m_{it}/m_{it-1}}{\mathrm{Average}(m_{it}/m_{it-1})} - 1\right] \times \frac{X_{it}}{\sum_i X_{it}}\right\}$$

$$(2.3)$$

其中，X_{it} 为一国在 t 年出口 i 商品额，m_{it} 为世界在 t 年进口 i 商品额。结构优化指数为正，则说明该国的出口结构向世界需求方向变动，出口结构得到优

---

①　显示性比较优势的计算大致有三类：第一，一国出口某种产品在世界市场上的比较优势，其中"世界"代表全部贸易国家，而"某种产品"既可以代表全部贸易产品，也可以代表某一类产品；第二，一国出口某种产品在另一个国家市场上的比较优势；第三，一国出口某种产品在某一区域的比较优势。

②　当劳伦斯指数越接近 1，表明一国的出口结构变动幅度越大，而当劳伦斯指数越接近于 0，则说明一国出口结构变动不明显。

化；反之，则说明该国出口结构优化不明显。

2.3.1.4　出口相似度指标

$$ESI_{cd} = \sum_{i \in I} \min(S_{ic} - S_{id}) \tag{2.4}$$

其中，ESI_{cd} 是 c 国出口产品集与 d 国出口产品集的相似度。S_{ic} 和 S_{id} 分别表示 c 国与 d 国出口 i 产品占世界 i 产品生产的比重。

2.3.1.5　出口技术复杂度

出口技术复杂度的计算需要先计算产品层面的复杂度，再按照出口产品份额加总到企业层面，具体计算方法如下：

（1）计算各类出口产品的技术复杂度。

$$Prody_f = \sum_c \frac{(Export_{cf}/Export_c) \times Y_c}{\sum_c (Export_{cf}/Export_c)} \tag{2.5}$$

其中，$Prody_f$ 表示 HS6 位产品 f 的技术复杂度，$Export_{cf}/Export_c$ 表示 c 国家对产品 f 的出口额占该国出口总额的比重，Y_c 表示 c 国家的人均 GDP。

（2）构造企业层面的出口技术复杂度。

$$Soph_{it} = \frac{\sum_f Output_{ift} \times Prody_{ft}}{\sum_f Output_{ift}} \tag{2.6}$$

其中，$Sopt_{it}$ 表示 t 年 i 企业的出口技术复杂度；$Output_{ift}$ 表示 i 企业 t 年 f 产品的出口额，其与该企业出口总额的比重表示该企业内部细分产品的出口结构；$Prody_{ft}$ 表示 t 年出口产品 f 的技术复杂度。出口技术复杂度的最大优势在于在产品和产业层面研发数据难以获得的情况下，仍是表征企业出口结构较好的替代指标[①]。此外，为了准确测量出口结构升级，通常将产品层面的技术复

---

① 尽管有学者指出以产品出口国的收入水平来代替出口产品的技术含量，难以精确反映产品层面的技术含量。但是，无需具体的产品和产业层面的研发投入数据，利用产品出口国的收入水平来测度产品层面的出口技术复杂度，但具备数据易得性、便于操作等优势。

杂度固定在某一年份，这样做的目的是为了确保企业出口结构升级是由产品结构层面变动产生的，而非产品层面技术含量的变动。因此，本书主要采用出口技术复杂度表征出口产品升级。

2.3.2 出口结构升级的影响因素研究

既有文献围绕中国出口技术复杂度的影响因素展开了丰富的探讨，研究视角从国家层面拓展到省级、行业层面，再逐步深入到企业的内源动力、企业面临的国内和国际政策环境等企业层面。中国出口技术复杂度的影响因素研究主要集中于国家层面，徐和陆（Xu and Lu，2009）基于 2000~2005 年的中国出口企业样本，研究发现外商直接投资是中国出口技术复杂度提升的主要因素，这个占比达到 65%。王永进等（2010）利用 1995~2004 年产品层面的出口数据，在方法上采用 GMM 的方法，并采用一阶滞后项作为工具变量，能够在一定程度削弱内生性问题，针对基础设施与中国出口技术复杂度两者之间可能存在的正向关系进行了深入的考察，研究发现，基础设施对加速中国出口技术复杂度提升具有积极的作用，进一步地，外商直接投资、贸易开放以及人力资本也都会促进中国出口技术复杂度的提升。齐俊妍等（2011）运用柯布-道格拉斯函数构建两国一要素的理论模型，证明金融发展对中国出口技术复杂度的影响，实证方面利用 1997~2005 年的出口数据，通过静态和动态面板回归分析得出金融发展对中国出口技术复杂度产生显著的正向影响。王胜斌和杜江（2019）在齐俊妍等（2011）的研究基础上识别出金融发展对中国出口技术复杂度的影响机制在于外商直接投资技术外溢和研发效率的提升。王和魏（Wang and Wei，2010）对中国出口技术复杂度提升的主要因素进行了归纳总结，该研究认为人力资本、高新区建设、加工贸易区建设、加工贸易、外商直接投资都是中国技术复杂度提升的主要因素。与上述文献认为外商直接投资会促进中国出口技术复杂度提升所不同，陈俊聪和黄繁华（2015）考察了对外直接投资与贸易结构升级之间的关系，该研究发现对外直接投资会改善中国的贸易结构。刘会政和朱光（2019）发现全球价值链嵌入会产生技术溢出和低端锁定两种效应的相互作用，为了考察在中国融合全球价值链过程中，究竟是促进了出口技术复杂度的提升还是抑制了复杂度的提升，通过构建计量模型，研究结果表明，全球价值链的融入促进了出口技术复杂度。此外，研究还发现中间品进口在促进出口技术复杂度上也发挥了重要的中介作用。席艳乐等（2019）从制度环境角度切入，考察了经济政策不确定性与出口技术复杂度之间的关系，该研究表明，经济政策不确定性会通过制度环境这一渠道影响出口技术复杂度。郑玉和郑江淮（2020）通过 GMM 计量方程分析贸易成本与出口技术含量之间的关系，GMM 的方法能够较好地克服研究过程中存在的内生性问题，提高估计的准确性，该研究发现贸易成本对出口技术含量产生了负向影响。

也有一些学者进一步考虑中国出口技术复杂度的省级、行业影响因素，其中，代中强（2014）将知识产权保护、在校大学生比例、研发投入、基础设施以及开放程度等变量代入计量模型中，检验它们对出口技术复杂度的影响。研究结果表明，知识产权保护对出口技术复杂度的影响具有显著的门槛效应，即当知识产权保护力度不高时对出口技术复杂度有促进作用，当知识产权保护力度较高时反而会抑制出口技术复杂度。此外，在校大学生比例和研发支出也同样会促进出口技术复杂度，而基础设施和对外开放度则对出口技术复杂度的影响不显著。殷宝庆等（2016）基于 2002~2014 年省级面板数据，考察贸易便利化与出口技术复杂度之间的关系，研究发现贸易便利化对促进出口技术复杂度起到了积极作用，从影响机制看，贸易便利化会通过增加贸易机会、提高贸易效率以及降低交易成本提高出口技术复杂度，从异质性看，贸易便利化对东部地区以及高技术产业的出口技术复杂度促进作用更大。王瑾和樊秀峰（2019）考察了创新与出口技术复杂度之间的关系，研究发现创新对出口技术复杂度具有倒 U 形的影响，即开始时创新对出口技术复杂度具有促进作用，随着创新程度的加强，对出口技术复杂度呈现出边际递减效应。研究还发现一方面创新对出口技术复杂度产生门槛效应的原因在于区域制度质量，另一方面将创新人员投入、创新资本投入和创新产出作为创新的替代变量，这三个变量均对出口技术复杂度起到了促进作用，此外，从影响效应看，创新资本投入的作用效果大于创新人员投入和创新产出。雷娜和郎丽华（2020）基于 2003~2016 年省级面板数据，研究发现市场经济一体化有利于出口技术复杂度的提高，与此同时建立 Sobel 模型检查市场经济一体化的影响机制，回归结果显示技术创新效应、需求驱动效应、制度改进效应通过了 Sobel 中介效应模型检验，表明市场经济一体化通过提高技术创新、扩大需求驱动以及改善制度提高出口技术复杂度，进一步地，该研究还对区域异质性影响进行了检验，研究发现市场一体化对内陆地区的出口技术复杂度提升的促进作用更大。上述研究主要集中于省级层面，一些学者也关注到了产业层面，杨连星等（2019）将研究视角转移到行业层面，考察反倾销措施与出口技术复杂度之间的关系，研究发现反倾销措施不利于出口技术复杂度的提升，且这种影响具有行业异质性，即反倾销措施对出口技术密集型行业的副作用更大。戴魁早（2019）发现要素市场扭曲对出口技术复杂度的提升产生了明显的抑制作用，在此基础上，该研究还对要素扭曲对出口技术复杂度的影响机制进行了进一步的考察，研究还发现收益、研发、技术以及人力四个方面是要素扭曲影响出口技术复杂度的重要作用中介。

随着近年来微观数据可得性的提高，学术界涌现一些文献深入到企业层面考察出口技术复杂度的影响因素，试图把握微观企业在出口技术复杂度方面的异质性。其中，部分文献重视企业提升出口技术复杂度的内源动力，毛其淋和方森辉（2018）基于 2005~2007 年企业微观数据，考察了企业研发、地区知识产权保护与企业出口技术复杂度三者之间的关系，研究发现企业研发有利于出口技术复杂度的提升，而地区知识产权保护则起到重要的调节作用，地区知识产权保护加强了企业研发对出口技术复杂度的影响。张艾莉和尹梦兰（2019）实证考察了技术创新、人口数量和质量结构对制造业出口复杂度之间的关系，研究发现技术创新、人口数量和质量结构均对出口技术复杂度产生了显著的推动作用。刘英基（2016）发现知识资本能够对出口技术复杂度有显著的促进作用，同时还发现知识资本与制度质量的交乘项对出口技术复杂度的促进作用更大，这表明制度质量在知识资本和出口技术复杂度之间起到了重要的调节作用。熊永莲等（2018）通过构建改进的世代交叠理论模型，从理论上证明了少儿抚养比和老年抚养比增加分别对出口技术水平产生负向和正向效果。实证上，基于1995~2015年全球主要出口经济体，研究结果表明人口年龄结构变动对出口技术复杂度产生了明显的影响，在一定程度上也验证了理论分析的正确性。毛其淋（2019）利用高校扩招这一准自然实验，考察人力资本扩张与加工贸易升级之间的关系，研究发现人力资本扩张对加工贸易升级具有显著的促进作用，从影响机制看，人力资本扩张通过加大研发投入、职业培训的力度、促进更多种类和更高质量的中间品投入以及增加固定资产投资促进加工贸易升级，从异质性看，融资约束大小、管理效率高低、是否是资本密集型企业或外资加工企业都是影响人力资本扩张作用强弱的重要因素。

类似地，周茂等（2019）也证明了人力资本扩张对城市出口升级的积极作用。李宏和任家祺（2020）通过构建中介效应模型考察了投资效率与出口技术复杂度之间的关系，研究发现投资效率除了对出口技术复杂度产生直接的正向作用，还通过促进研发投入与提升企业加成率对出口技术复杂度产生间接的促进作用。也有部分文献探讨影响企业出口技术复杂度的国内政策环境因素，高翔和袁凯华（2018）分析了2000~2007年清洁生产标准实施这一政策冲击，采用双重差分法考察政策冲击对企业出口技术复杂度的影响，研究发现，在整个样本期内，清洁生产标准的政策冲击有效提高了企业出口技术复杂度，研究还发现，政策冲击主要通过产品转换和引导低出口复杂度的生产企业退出市场实现企业出口技术复杂度的提高。余娟娟和余东升（2018）基于2002~2006年微观企业数据，从行业竞争角度考察了政府补贴对企业出口技术复杂度的影响，为了避免内生性问题带来的评估结论偏误，该研究通过采用PSM-DID的方法构建计量模型，研究发现政府补贴不利于企业出口技术复杂度，而行业竞争则相反，行业竞争有利于企业出口技术复杂度的增加。周茂等（2018）认为经济技术开发区作为政府实施产业政策的集中地，开发区的设立有利于地区产业升级，在实证方面，运用双重差分法考察开发区设立与地区产业升级之间的关系，双重差分法的运用能够提高估计的准确性，尽可能地减少内生性问题，实证结果进一步证明了开发区设立会促进地区产业结构升级，其作用机制在于促进产业间的新建消亡，以及有利于产业集聚、资本深化、出口学习，进而促进该地区的产业升级。另外，随着国际市场竞争日益加剧和中美贸易摩擦愈发严峻，一些学者开始关注影响企业出口技术复杂度的国际经济环境变化。周茂等（2016）基于1998～2005年城市层面数据，利用中国加入WTO事件，敏锐的观察到中国关税大量削减这一现实情况，将贸易自由化的本质与关税削减联系到一起，考察其对中国产业升级的影响，研究结果显示，贸易自由化促进了中国产业升级，源于城市内产业间的资源再配置。盛斌和毛其淋（2017）在周茂等（2016）的基础上，将视角转移到微观企业，研究发现中国加入WTO后所引致的贸易自由化会促进企业出口技术复杂度的增加。戴魁早和方杰炜（2019）将注意力聚焦于贸易壁垒对出口技术复杂度的影响，在此基础上，又将贸易壁垒划分为出口贸易壁垒（export trade barriers）和进口贸易壁垒（import trade barriers），研究发现，出口贸易壁垒促进了其出口技术复杂度，而进口贸易壁垒则会对出口技术复杂度产生抑制作用。其作用机制在于，出口贸易壁垒促进了出口边际扩张和对外直接投资，而进口贸易壁垒的抑制作用在于不利于研发和中间品投入。

2.4 出口产品质量的相关研究

2.4.1 出口产品质量的测算方法

事实上，出口产品质量一直是国际贸易领域中的热门议题。有关企业出口产品质量的文献主要从两个方面展开。单位价格（价值）衡量的方法以及事后推理的方法。其中，前者的依据是单位产品价格代表产品质量（Hallak，2006；李坤望等，2014）；后者的逻辑是给定产品的价格，认为出口量较大的产品拥有较高的质量（Kandelwal et al.，2013）[①]。

2.4.1.1　单位价格法

采用相对产品单位价格法刻画企业出口产品质量（qua_p），即 $qua_p = UV_P/\overline{UV_P}$，其中，$qua_p$ 为出口产品质量，UV_P 为企业出口该产品的单位价格，$\overline{UV_P}$ 为该产品出口的平均单位价格，其思路是单价越高的产品其产品质量越高。

2.4.1.2　事后推理的方法

参考施炳展和邵文波（2014），将出口产品质量进行标准化处理：$rquality_{imt} = (quality_{imt} - minquality_{imt})/(maxquality_{imt} - minquality_{imt})$，其中，$maxquality$ 和 $minquality$ 分别表示所有企业在所有年份对美国出口的产品 m 质量的最大值和最小值。最后按照企业对美国出口的产品的贸易额进行加权，加总到企业层面，获得企业 i 在相应年份的出口产品质量：$quality_{it} = (value_{imt}/\sum_{ift \in \Omega} value_{imt}) rquality_{imt}$。

2.4.2　出口产品质量的影响因素研究

既有大量文献从贸易自由化角度（即中国进口关税削减角度以及出口关税削减）分析了出口产品质量的影响因素（余淼杰，2012；周茂等，2016；苏里梅等，2016；盛斌和毛其淋，2017），认为相对于进口最终品，进口中间品对企业出口产品质量具有更大影响。布莱洛克和维洛索（Blalock and Veloso，2007）认为增加进口的企业的生产率比那些不进口的企业的生产率相对

[①]　单位价值量法忽略了产品单位成本、产品差异化程度等因素。事实上，出口产品的价格与质量并不必然是一一对应关系。在开放经济框架下，企业通过制度创新、技术创新和规模化经营，更容易生产出"质优价廉"的出口产品，不仅产品单位生产成本更低，产品差异化程度也更高。故本书选取事后推理方法来衡量产品质量。

较高，这主要归因于进口中间品技术溢出效应。戈尔德等（Goldberg et al.，2010）利用印度企业层面出口数据，研究发现贸易自由化推动企业进口产品的增加，进而推动企业出口新产品。谢帕德和史东（Shepherd and Stone，2012）考察了进口中间品的使用与国内企业创造新产品之间的关系。该研究使用了 17 个发展中国家和 13 个部门的企业层面数据，研究表明从国际上获取投入的企业往往比只使用国内投入的企业引进更多的新产品。本书探讨了投入贸易自由化对进口投入和出口产品价格的影响。巴斯和施特劳斯－卡恩（Bas and Strauss-Kahn，2015）利用 2000～2006 年的中国交易数据，考察了贸易自由化所引致的关税降低与企业产品价格变化之间的因果效应。为了识别它们之间的因果效应，该研究使用了双重差分法，研究结果发现贸易自由化将会导致进口和出口价格双双上涨。进一步研究还发现企业利用关税降低获得高质量投入以提高其出口产品质量。与此观点相同的研究，还有许家云等（2017），该研究认为中间品进口是出口产品质量提升的主要因素，并通过中间品进口的诱发效应——中间品种类效应、中间品质量效应以及中间品技术溢出效应促进企业出口产品质量。

其他学者还关注其他因素。施炳展和邵文波（2014）归纳总结了现有关于出口产品质量的文献，对既有文献所采用单位价值测度出口产品质量的缺点进行了批判，并采用"价格一定的情况下，需求量大的产品质量更好"（即事后推理）的方法对中国出口产品质量进行了测度，研究结果表明虽然我国出口的产品质量有很多波动，甚至出现在一些年份下降的情况，但是总体我国的出口产品质量呈现上升趋势，此外，为了考察其他变量对企业出口产品质量的影响，该研究将可能影响出口产品质量的变量，如生产效率、研发效率、广告效率等设置为控制变量纳入回归方程中，通过观察变量系数的正负性以及大小，判断是否对出口产品质量产生影响。进一步地，该研究认为除了研发效率、广告效率影响不显著以外，其他因素都产生了显著的促进作用。汪建新（2014）利用 HS6 位产品层面数据，与以往考察贸易自由化影响不同，该研究将产品分类更加细化，划分为技术前沿产品与非技术前沿产品，研究发现贸易自由化对这类产品影响也是不同的，具体而言，贸易自由化会加剧竞争，进而不利于非前沿技术产品的出口质量，同时，贸易自由化会促进多种类和高质量中间品进口促进前沿技术产品的出口质量。杜威剑和李梦洁（2015）认为出口目标市场的收入水平是影响企业出口产品质量的重要因素。汪建新等（2015）从中间投入品进口的调节作用视角考察了国际生产分割与出口产品质量两者之间的关系，该研究认为国际生产分割与出口产品之间并非简单的线性关系，而是一种倒 U 形关系，这是由于中间品进口对不同的行业影响具有差异性影响导致的，具体而言，对于出口产品质量差异较大的行业，中间品进口的促进作用更大，而对于出口产品质量较小的行业，中间品进口的促进作用较小。张杰等（2015）探讨了政府补贴、市场竞争与出口产品质量之间的关系，研究结果发现政府补贴不利于出口产品质量的提升，而市场竞争则发挥了积极作用。此外，异质性分析表明，市场竞争对外资企业的影响不明显，而政府补贴对国有企业影响不明显。高越和李荣林（2015）的研究结论，也同样揭示了市场竞争是出口产品质量提升的重要因素。汪建新和黄鹏（2015）利用 2004～2006 年微观企业出口数据，系统探讨了信贷约束和资本配置对企业出口产品质量影响效应，结果显示，信贷约束不利于出口产品质量的提升，提高资源配置效率能促进出口产品质量。研究还发现，无法获得资金进行高质量产品的生产和加速资本配置分别是信贷约束和资源配置影响企业出口产品质量两个重要中介。张杰（2015）在汪建新和黄鹏（2015）研究结论的基础上，更加深入研究金融抑制和融资约束对企业出口产品质量的影响，该研究认为，融资约束对企业出口产品质量的影响并非线性关系，而是倒 U 形关系，在此基础上，该研究还发现，当前中国的金融改革并没有缓解金融抑制，反而加重了这种倒 U 形关系。刘晓宁和刘磊（2015）与汪建新（2014）类似，研究认为，贸易自由化更有利于产品质量前沿的企业，而不利于非产品质量前沿的企业。对此的解释是贸易自由化对产品质量前沿的企业产生规避竞争效应，而对非产品质量前沿的企业产生气馁效应。苏理梅等（2016）利用双重差分法验证了贸易自由化与出口产品质量的影响，与上述文献不同的是，该研究提出了相反的观点，认为贸易自由化反而抑制了企业出口产品质量，这是由于市场进入门槛的下降反而促进了低质量产品生产企业的进入。罗丽英和齐月（2016）探讨了技术创新效率与企业出口产品质量的关系，为了较好地刻画技术创新效率，使用技术研发效率、技术转化效率指标替代技术创新效率，研究发现，技术创新效率促进了企业出口产品质量。许和连和王海成（2016）从最低工资角度切入，考察其对出口产品质量的影响，结果表明，在 2000～2011 年最低工资标准对企业出口产品质量产生 U 形影响，且这种抑制效应在劳动密集型行业、中部地区以及国有企业更加显著。刘洪铎（2016）、耿晔强和张世铮（2018）都对产业集聚与出口产品质量之间的关系进行了研究，认为产业集聚促进了出口产品质量的提升，并且产业集聚还存在异质性影响，产业集聚更容易促进东部地区企业的出口产品质量。彭冬冬等（2016）从环境角度出发，探讨环境规制对出口产品的影响，进一步地，该研究发现随着环境规制的加强，出口产品质量将呈现 U 形影响。徐美娜和彭羽（2016）发现外资有利于本土企业出口产品质量，影响机制研究表明，外资通过溢出效应促进企业出口产品质量，但这种机制仅对高技术和高质量产品有效。谢建国和章素珍（2017）从另一个影响出口产品质量的因素，即反倾销不利于中国出口产品质量的提高，而且反倾销还存在时间上的异质性，表现为对中国出口产品质量的负向影响呈现出递减效果，即第一年的负面效应最大。盛丹和张慧玲（2017）从两控区角度考察环境管制对出口产品质量的影响，研究结论认为，环境管制促进了企业出口产品质量，从异质性影响看，环境管制对东部地区和差异化产品行业的促进作用更强。何欢浪等（2017）从"分工效应"和"工资溢价效应"这一独特的视角，考察城市服务业对出口产品技术含量的影响，研究结论认为，城市服务业通过分工和工资溢价效应促进出口产品质量，异质性实证表明，城市服务业对资本密集型企业和高生产率企业促进效果更显著。张明志和季克佳（2018）在 Chatterjee 模型上，引入垂直专业化和产品质量，考察人民币汇率变动对企业出口产品质量的影响，研究结论认为，人民币升值促进了企业出口产品质量的提升。其影响机制在于促进企业在生产阶段提高其差异化水平，此外，垂直化水平在人民币汇率与企业出口产品质量之间也发挥了重要的调节作用。王雅琦等（2018）在张明志和季克佳（2018）的基础上，纳入了贸易方式这一因素，与张明志和季克佳（2018）研究结论不同的是，尽管人民币升值在整体上推动了企业出口产品质量的提升，但却不利于加工贸易企业，从资源再配置角度看，人民币升值加速低质量产品生产企业退出市场。李瑞琴等（2018）从上游产业和下游产业两个角度考察了外商直接投资对出口产品质量的影响，研究结论发现，上游整体行业外商直接投资的影响是不确定的。在此基础上，为了更为深入的研究，该研究将上游产业划分为上游制造业和上游服务业，并通过实证分析得出上游制造业外商直接投资不利于出口产品质量，而上游服务业外商直接投资则对出口产品质量产生显著的正向效应。叶娇等（2018）从网络技术角度考察出口产品质量的影响因素，研究得出，网络技术发展促进了出口产品质量。此外，还有一些学者关注国有企业改制（王海成等，2019）以及最低工资标准（祝树金等，2019）对出口产品质量的影响。

2.5 企业加成率的相关研究

2.5.1 企业加成率的测算方法

当前企业加成率的算法主要有两种：会计法和生产函数法。

2.5.1.1 会计法

会计法需要获取企业的工业增加值、工资总额以及中间要素投入等数据计算企业加成率。其公式为：$\left(\dfrac{p-c}{p}\right)_{it} = 1 - \dfrac{1}{mkp_{it}} = \dfrac{Va-Pr}{Va+ncm}$，其中 p 和 c 分别表示企业产品生产的价格和成本，mkp_{it} 表示企业 i 在 t 年的加成率水平。由于产品生产的价格和成本等数据较难准确获得，因此采用近似表示，Va 表示工业增加值，Pr 表示工资总额、ncm 表示中间要素投入。将工业增加值 Va、工

资总额 Pr 以及中间要素投入 ncm 代入到公式中，就可以得到企业加成率水平。不难看出这种方法计算较为简单，被较多学者采用，如盛丹和王永进（2012）、钱学锋等（2015）以及毛其淋和许家云（2016）等。但任曙明和张静（2013）则认为该方法采用的指标在计算企业加成率水平时会产生一定的偏差，如采用工业增加值 Va、工资总额 Pr 以及中间要素投入 ncm 代替企业产品价格 p 和成本 c。因此，该方法具有一定的局限性。

2.5.1.2 生产函数法

生产函数法在一定程度上对会计法进行了一定的改进，使得计算结果更为准确。当前生产函数法主要采用德洛克等（De Loecker et al.，2016）进行测算，该方法的优点是通过半参数估计的方式提高了计算的准确性，放松了以往模型中要求规模报酬不变的假设条件，不需要设定市场结构，也不需要获取企业的微观资本数据，该方法还削弱了可能由无法观测因素造成的估计偏误等问题。但该方法同样存在缺点，即对数据要求较高①。

2.5.2 企业加成率的影响因素研究

近年来，企业加成率的研究越来越受到学术界的关注，这是由于加成率能够很好地反映企业的加成定价能力和盈利能力，这是衡量企业竞争力较为关键的指标。此外，得益于异质性贸易理论的发展和微观数据的可得性，使得将研究主题从宏观可以转向微观企业，企业加成率所包含的贸易内涵和贸易福利得以展现。当前围绕企业加成率研究的文献大量涌现，且主要聚焦在

---

① 该方法主要以劳动投入量表示可变投入要素，使用工业增加值（industrial added value）、固定资产净值年均余额（annual average balance of net fixed assets）、全部职工人数（total number of employees）、工业中间投入（industrial intermediate input）、应付工资（wages payable）及应付福利等指标进行测算，其中，产出弹性用列文索夫和佩特兰（Levinsoph and Petrin，2003）的半参数方法（简称LP 法）进行估计，支出份额利用工业企业数据库的统计指标，根据公式"（应付工资总额 + 应付福利总额）/主营业务收入"进行计算。

国际贸易领域。

首先，大量研究考察了出口贸易对企业加成率的影响。贝洛内等（Bellone et al.，2016）基于库姆斯等（Combes et al.，2012）的空间集聚对生产率影响的基础上，考察竞争效应对生产率的影响进而影响企业的加成率，进一步地，该研究发现生产率、出口目的地特征、出口行为多是影响企业加成率的重要因素。克林（Kilin，2017）研究了出口产品的加价如何在不同的目的地具有不同的特征。在国家特征中，该研究主要关注的是出口目的地国家的规模。此外企业加成率的计算方法并不依赖于对市场结构或企业行为的严格假设，而是依赖于对出口需求函数的估计。这一估计使用了卢森堡制造公司出口产品的详细价格和数量数据。德洛克和沃辛斯基（De Loecker and Warzynski，2012）通过微观实证研究发现，出口企业和非出口企业的加成率存在显著差异，并发现出口企业的加成率显著为正，后者与出口商生产率溢价的研究结果一致。但为了需要更好地理解这些（基于收入的）生产率差异究竟是什么原因导致的，为此，我们找到了一个重要的理由——更高的利润率。此外，该问题还提供了新的实证证据，该证据表明当企业进入出口市场时，企业的加成率更高，而退出企业的加成率较低。古尔斯特兰德等（Gullstrand et al.，2014）通过瑞典的微观企业数据，探索企业在不同定价策略下的企业加价，以及进一步研究这种企业加价行为背后的推动因素。基于瑞典食品部门中包括制造业和中间贸易公司在内的微观出口企业数据。研究结果表明，不仅仅是出口企业往往有更高的加价。特别地发现，在食品加工部门有更强的能力区分不同市场的公司，它们的产品标价更高。这一结果指出了企业潜在决策的重要性，以解释企业间出口加成的差异。库格勒和韦霍文（Kugler and Verhoogen，2012）基于梅里兹（Melitz，2003）异质性企业模型的基础上，进一步纳入要素和产品质量因素，实证结论表明企业规模越大其加成率越大，此外还发现企业规模越大，中间品投入质量越好，这也有助于企业加成率的提高。

国内对企业加成率影响因素的研究主要基于两类：

（1）第一类以国内特征为主，例如，国有企业改革、政府补贴、要素市场扭曲等因素。盛丹和王永进（2012）是国内较早开展对企业加成率研究的学者，该研究发现出口企业的加成率反而低于非出口企业，这与传统贸易理论相背驰，进一步地通过实证研究发现政府补贴、出口退税以及企业之间的过度竞争是引发出口企业加成率低的重要原因，此外，企业加成率还呈现出异质性特征。盛丹（2013）深入考察了国有企业改制、竞争程度以及社会福利三者之间的关系，通过微观数据实证研究发现，国有企业改革有利于企业加成率的提升，进而推动社会福利的增加。进一步对竞争程度进行分样本回归，研究发现，国有企业改革在高竞争行业中对企业加成率的促进效果更好，而在低竞争行业中，国有企业改革的促进作用不显著。李胜旗和徐卫章（2016）论证了企业出口产品种类与企业加成率之间的关系。该研究认为企业出口产品种类越多，企业的加成率越低。这是因为盲目的追求出口产品种类的多样化会扭曲出口行为，造成企业加成率低下。此外，异质性研究表明，高生产率可以促进企业加成率的提高。刘啟仁和黄建忠（2016）基于阿特基森和伯斯坦（Atkeson and Burstein，2008）的基础上构建市场份额影响垄断利润的数理模型，通过分析企业微观数据，实证研究结果表明产品创新会促进企业加成率的提升，研究机制表明市场份额的扩大和边际成本的降低是产品创新影响企业加成率的两个重要渠道。诸竹君等（2017）也探讨了企业产品创新与企业加成率之间的关系，研究结论与刘啟仁和黄建忠（2016）一致，认为产品创新对企业加成率起到了重要的正向影响，并且产品创新还具有异质性影响，产品创新对东部地区企业、技术密集型企业，以及私营企业和外资企业的加成率影响更大。此外，机制检验表明，产品创新通过产品质量影响企业加成率。许明和邓敏（2018）从劳动报酬角度分析了影响企业加成率的因素，基于微观数据的实证研究表明，劳动报酬的提高能够促进企业加成率的增加，作用机制表明产品质量效应和选择效应是劳动报酬的两个重要渠道。高宇等（2018）与上述文献的线性影响不同，该研究从市场分割角度研究企业加成率的影响因素，研究结论表明市场分割对企业加成率具有 U 形影响。赵瑞丽等（2019）基于库姆斯等（Combes et al.，2012）的理论模型，引入大城市因素，解释了大城市的低加成率的原因，并通过实证研究加以证明，研究表明，竞争效应和集聚效应为负是造成大城市普遍低加成率的原因。王煌等（2020）进一步讨论了人力资本与企业加成率之间的倒 U 形关系，这种倒 U 形结论是由工资渠道和创新行为所决定的。万家乐和苗双有（2020）考察了融资约束是否会对企业加成率产生影响，通过微观数据的实证结果表明融资约束抑制了企业加成率的提高，进一步的研究结论表明金融约束会限制企业出口和产品质量的提升，进而对企业加成率产生不利影响。诸竹君等（2020）则较为关注热点话题，从房价上涨角度分析对企业加成率的影响，实证结果表明房价上涨对企业加成率具有负向影响。

（2）第二类是以国际贸易特征为主，包括人民币汇率、中间品进口、贸易自由化等方面。许家云和毛其淋（2016）考察了人民币汇率对企业加成率的影响，研究结果表明人民币汇率的升值不利于企业加成率的提高，作用机制研究表明人民币升值通过影响价格竞争和生产规模，进而抑制企业加成率，与此同时，人民币升值的影响还具有显著的异质性，人民币升值对私营企业和一般贸易企业的影响更大。毛其淋和许家云（2016）研究了对外直接投资对企业加成率的影响，研究结果表明对外直接投资促进了企业加成率的增加。此外，对外直接投资主要通过降低需求弹性和提高生产率，进而提升企业的加成率，这是由于降低需求弹性能够提高产品价格，而企业生产率的提升则有利于降低企业的边际成本。许明和邓敏（2016）针对产品质量与企业加成率之间的关系进行了探讨，研究发现提高产品质量能够有效地提升企业加成率，这是因为企业提高产品质量能够提高其产品价格、降低产品边际成本进而促进企业加成率。耿晔强和狄媛（2017）针对中间品贸易自由化、环境规制以及企业加成率三者之间的关系进行了详细的研究，研究结论表明中间品贸易自由化和环境规制都会促进企业加成率的增加，但是环境规制的影响更大，进一步研究发现，中间品贸易自由化和环境规制各自都具有不同的异质性影响，具体而言，中间品贸易自由化对外资企业影响更大，而环境规制对国有企业影响更大。诸竹君等（2019）从出口中学习效应和需求冲击适应效应角度探讨出口规模对企业加成率的影响，该研究认为直接出口企业的加成率比间接出口企业的加成率高。李方静（2019）从服务业开放角度探索企业加成率的影响因素，微观数据的研究结果发现，服务业开放对加成率具有正向影响，且服务业开放具有显著的异质性影响，表现为对租赁、仓储、交通运输以及信息服务业的影响更大。陈昊等（2020）在耿晔强和狄媛（2017）中间品进口自由化的基础上将研究更进一步地深入到中间品进口的来源地结构，该研究发现中间品进口来源地越丰富，企业的加成率越低，来源地越集中越能促进企业的加成率，此外，中间品进口来源地结构还存在异质性影响，表现为来源地集中对外资企业、出口企业的加成率促进作用更加显著。

2.6 文 献 评 述

在对上述有关贸易政策不确定性、企业出口规模、企业出口结构升级、企业出口产品质量以及企业加成率的国内外研究进行梳理的基础上，本书研究发现，围绕这五个主题的研究均取得了较为丰硕的成果，为本书接下来的理论分析与实证检验打下了坚实的基础，但对文献进行仔细的对比之后，仍然存在以下几点不足：

第一，尽管既有文献对贸易政策不确定性与出口规模、出口结构以及出口产品质量的关系得出结论与本书相类似，例如，汉德利和利马奥（Handley and Limao，2017）研究发现2000～2005年中国对美国出口增长30%，主要归因于贸易政策不确定性的降低。冯等（Feng et al.，2017）研究发现贸易政策不确定性会影响企业的出口决策，表现为贸易政策不确定性下降不仅会推动"价低质优"的企业进入出口市场，而且会加速"价高质劣"的企业退出市场。赵春明等（2020）认为贸易政策不确定性的下降推动了地区产业结构的升级。但是关于贸易政策不确定性对企业出口绩效的实证研究并未解决可能存在内生性问题，简单的OLS回归以及固定效应回归仍然可能导致估计向上偏误，甚至会产生结论不一致的情况。例如，汉德利和利马奥（Handley and Limao，2017）的研究将中国出口规模的扩大归功于贸易政策不确定性的下降，其假设是出口规模不会影响贸易政策不确定性，换句话说贸易政策不确定性的变化是严格外生的，但实际上美国对华政策常常因为贸易规模的变化而改变，这就会产生内生性问题，因此将 30% 的出口规模归功于贸易政策不确定性下降可能存在一定程度的偏误①。

第二，冯等（Feng et al.，2017）认为贸易政策不确定性的下降会加剧"价高质劣"的企业退出出口市场，促进"价低质优"的企业进入出口市场，进而提高企业出口产品质量，而苏理梅等（2016）发现，贸易政策不确定性下降并未改善企业出口产品质量，甚至贸易政策不确定性的下降会导致企业出口产品质量的下降。导致实证结果产生偏差甚至自相矛盾的重要原因在于两者之间可能遗漏重要变量等内生性问题。此外，冯等（Feng et al.，2017）和苏理梅等（2016）都从企业层面出发，未能深入产品层面。以上研究仍未打开贸易政策不确定性影响企业出口技术复杂度的"黑箱"，在当前全球化贸易体系中，跨国企业中普遍为多种类产品出口企业，不难理解企业为获得多元化的产品利润，不得不生产较多种类的产品，以尽可能满足市场需要，实现利润最大化。因此，企业内部经常会发生产品结构变动（易靖韬等，2017；钱学锋和王备，2017），研究发现超过 88% 的样本企业存在改变出口产品结构行为。存续企业可以通过增加新产品或者放弃已有产品，甚至是改变核心产品等产品转换行为，实现产品结构优化再配置（Bernard et al.，2010）。实际上，产品层面的资源配置已经成为继中观层面（产业与企业层面），又一新的视角考察资源配置行为的影响（Bernard et al.，2010；Mayer et al.，2014；易靖韬等，2017；钱学锋和王备，2017）。然而已有研究仍然局限于企业进入退出或者行业的进入退出考察资源配置（Handley，2014；Handley and Limao，2017；Feng et al.，2017），因此，有必要从新的微观视角考察资源配置对企业出口绩效的影响，一方面扩展了现有研究的研究视角，另一方面也是避免加总谬误，提高研究结论准确性的一次有益尝试。

---

① 汉德利和利马奥（Handley and Limao，2017）将斯姆特-霍利关税与最惠国关税的差额，直接引入 OLS 回归方程中，可能存在内生性问题。该研究结论认为 30% 的出口规模归功于贸易政策不确定性下降，存在夸大贸易政策不确定性下降的作用。

　　第三，赵春明等（2020）尽管从某种程度上证明了贸易政策不确定性的下降推动了产业结构的升级。但样本期为 1998～2013 年，样本期过长难以排除其他政策干扰。此外，本书研究视角与之不同，着重考察贸易政策不确定性对企业出口结构升级的影响。从影响机制看，赵春明等（2020）认为贸易政策不确定性下降通过地区创新，进而推动地区产业结构升级。然而影响机制具有一定的局限性且有待于进一步扩展，为此，本书基于贸易政策不确定性变动会影响企业中间品进口，进而影响企业出口结构升级。

第 3 章

模型建立与机制分析

首先，分别梳理了贸易政策不确定性、出口规模、出口结构升级、出口产品质量以及加成率的相关理论，为后文贸易政策不确定性影响企业出口规模、出口结构升级、出口产品质量和加成率的理论分析奠定基础。其次，在梅里兹（Melitz，2003）模型基础上，推导出口规模、出口结构升级、出口产品质量和加成率的决定因素，并梳理出贸易政策不确定性的作用机制，为后文的理论模型构建提供基础，也为下一章的实证检验提供理论支持和逻辑框架。

3.1 贸易政策不确定性影响出口规模的理论分析

3.1.1 贸易政策不确定性影响出口规模的模型建立

本章将借鉴汉德利（Handley，2014）、汉德利和利马奥（Handley and Li-mao，2017）贸易政策不确定性的理论框架，从理论上推导出影响企业出口规模的决定因素，并梳理出贸易政策不确定性对企业出口规模的作用机理，为后文的经验研究提供理论基础。

3.1.1.1 需求方面

假设代表性消费者的效用函数为 CES 形式[①]:

$$U = q_0^{1-u} \Big[\int_{v \in \Omega} (q_v)^{\frac{\sigma-1}{\sigma}} \mathrm{d}v \Big]^{\frac{u\sigma}{\sigma-1}} \tag{3.1}$$

给定预算约束,通过对效用最大化求最优解的过程,可以得到代表性消费者对产品种类 v 的需求:

$$q_v = uE \frac{p_v^{-\sigma}}{P^{1-\sigma}} \tag{3.2}$$

其中,E 表示消费者支出;p_v 表示产品 v 的价格;P 表示价格指数,即 $P = \Big[\int_{v \in \Omega} (p_v)^{1-\sigma} \mathrm{d}v \Big]^{\frac{1}{1-\sigma}}$。

3.1.1.2 供给方面

假设同质化产品为计价商品,可以自由交易和生产,并将其价格标准化为 $p_0 = 1$;差异化产品出口需要缴纳关税,这里采用从价关税形式,假设国家 j 出口至进口国的关税为 $\tau_j (\tau_j \geqslant 1)$,出口商生产的产品 v 的国内价格为 $p_j(v)$,则外国消费者支付价格为 $p_v = \tau_j p_j(v)$;在垄断竞争市场条件下,假设每个厂商只生产一种产品,边际成本为 c_j,c_j 值越大说明企业的边际生产成本越大;工资水平为 w_j。那么出口商利润为:

$$\pi_j = \left(\frac{p_v}{\tau_j} - w_j c_j \right) q_j \tag{3.3}$$

由于出口商面临的价格会因该产品的进口关税而增加:$p_j = (w_j c_j / \rho) \tau_j$。

3.1.1.3 均衡

结合需求函数公式(3.2)和利润函数公式(3.3),可以得到企业每期

[①] 其中,q_0 表示同质化产品数量;q_v 表示差异化产品数量;v 表示产品种类;Ω 代表产品种类的集合;u 表示消费份额;$\sigma(\sigma > 1)$ 表示各类产品之间的替代弹性。

出口的利润：

$$\pi_j = A_j \tau_j^{-\sigma} c_j^{\sigma-1} \qquad (3.4)$$

其中，$A_j = (1-\rho)uE(w_j/P\rho)^{1-\sigma}$，$\rho = (\sigma-1)/\sigma$，$A_j$ 表示企业成本和进口国需求状况。

3.1.1.4　贸易政策确定性情况

假设企业进入出口市场需要支付固定成本 K；折现率为 β；那么企业当期进入出口市场的利润现值为：

$$V^D = \sum_{t=0}^{\infty} \beta^t \pi_j - K = \frac{\pi_j}{1-\beta} - K \qquad (3.5)$$

其中，D 表示贸易政策确定性状态，那么企业进入出口市场的临界值条件为 $V^D = 0$。结合公式（3.4）和公式（3.5）可以得到贸易政策确定性状态下企业进入出口市场的生产成本临界值：

$$c_j^D = \left[\frac{A_j \tau_j^{-\sigma}}{(1-\beta)K}\right]^{\frac{1}{\sigma-1}} \qquad (3.6)$$

生产率高于 φ_D^j 的企业将选择进入出口市场。

3.1.1.5　贸易政策不确定性情况

由于未来政策的不确定性，企业必须决定当期是进入市场还是等到市场情况好转。假设企业当期出口的预期利润为 V^1，等待的价值为 V^0，K 为进入出口市场的固定投入，那么企业在贸易政策不确定性下进入出口市场的临界值条件为[①]：

$$V^1 - K = V^0 \qquad (3.7)$$

为了模拟贸易政策不确定性，假设关税冲击作为代理变量[②]，并以每单位时间 γ 的概率到达；当政策冲击到发生时，关税变为 τ'，假设 τ' 的分布函

---

① 为了使理论公式表达更为简洁。此处省略下标 j。
② 贸易政策不确定的冲击往往分为关税冲击和非关税冲击，这里为了测度的便捷性，采用汉德利（Handley，2014）的方法，将关税冲击作为贸易政策不确定性冲击的代理变量。

数为 $H(\tau')$，且 $\tau' \in [1, +\infty]$；企业在不确定下进入出口市场决策由关税的临界值 τ_1 和边际成本 c^U 决定，因此将公式（3.7）扩展为：

$$V^1(c^U, \tau') - K = V^0(c^U, \tau') \tag{3.8}$$

当 t 期关税 $\tau_t < \tau'$ 时，t 期企业出口的预期价值现值为：

$$V^1(c^U, \tau_t) = \pi(c^U, \tau_t) + \beta[(1-\gamma)V^1(c^U, \tau_t) + \gamma EV^1(c^U, \tau')] \tag{3.9}$$

其中，$V^1(c^U, \tau_t)$ 是以当前关税 τ_t 为条件的预期利润现值，$\pi(c^U, \tau_t)$ 表示 t 期出口的利润。在概率 $1-\gamma$ 的情况下，企业以相同的 $V^1(c^U, \tau_t)$ 值继续下一个时期，在概率 γ 的情况下，企业遭受政策冲击，关税变为 τ'，$EV^1(c^U, \tau')$ 为出口的事前预期价值的期望，对公式（3.9）等号左右两边取期望可表示为：

$$EV^1(c^U, \tau') = E\pi(c^U, \tau') + \beta[(1-\gamma)EV^1(c^U, \tau') + \gamma EV^1(c^U, \tau')] \tag{3.10}$$

在此假设 τ' 的分布函数为 $H(\tau')$ 不变，因此 $EV^1(c^U, \tau')$ 也不随时间变化，由公式（3.10）可得：

$$EV^1(c^U, \tau') = \frac{E\pi(c^U, \tau')}{1-\beta} \tag{3.11}$$

由于企业在不确定下进入出口市场决策由关税的临界值 τ_1 决定，当 $\tau' \geqslant \tau_1$ 时企业选择继续等待，$\tau' < \tau_1$ 时企业支付固定成本 K，进入出口市场；政策冲击下企业的等待价值 V^0[①] 和出口的预期价值期望 EV^1 为[②]：

$$V^0(c^U, \tau_t) = \beta\{(1-\gamma)V^0(c^U, \tau_t) + \gamma[1 - H(\tau_1)]V^0(c^U, \tau_t)$$
$$+ \gamma H(\tau_1)[EV^1(c^U, \tau_1 | \tau \leqslant \tau_1) - K]\} \tag{3.12}$$

① 公式（3.12）中，等待的企业在当期获得的利润为 0，如果没有政策冲击或者政策冲击高于进入临界时，即 $\tau > \tau_1$ 时，则等待价值保持 V^0，如果政策冲击低于进入的临界值，即 $\tau \leqslant \tau_1$，企业将支付沉没成本并转向出口；$H(\tau_1)$ 表示 $\tau \leqslant \tau_1$ 的概率。

② 公式（3.13）中，$EV^1(c^U, \tau_1 | \tau \leqslant \tau_1)$ 表示政策冲击下企业出口的预期值，在概率 $1-\gamma$ 的情况下企业以相同的预期值继续到下一个时期，在概率 γ 的情况下，关税变为 τ'，出口的预期值变为 $EV^1(c^U, \tau')$。

$$EV^1(c^U, \tau_1 \mid \tau \leqslant \tau_1) = E\pi(c^U, \tau' \mid \tau' \leqslant \tau_1) + \beta[(1-\gamma)$$
$$EV^1(c^U, \tau_1 \mid \tau_t \leqslant \tau_1) + \gamma EV^1(c^U, \tau')] \qquad (3.13)$$

由公式（3.9）、公式（3.10）、公式（3.12）、公式（3.13）可以解出 $V^1(c^U, \tau_t)$、$V^0(c^U, \tau_t)$、$EV^1(c^U, \tau')$ 和 $EV^1(c^U, \tau_1 \mid \tau \leqslant \tau_1)$，对于出口临界企业来说，当前关税等于进入出口市场关税临界值，即 $\tau_t = \tau_1$，综合以上各公式可得企业进入出口市场的临界出口值 $V^1(c^U, \tau_1)$ 和企业等待的价值 $V^0(c^U, \tau_1)$。

$$V^1(c^U, \tau_1) = \frac{\pi(c^U, \tau_1)(1-\beta) + \beta\gamma E[\pi(c^U, \tau')]}{[1-\beta(1-\gamma)](1-\beta)} \qquad (3.14)$$

$$V^0(c^U, \tau_1) = \frac{\beta\gamma H(\tau_1)(1-\beta)E[\pi(c^U, \tau') \mid \tau' \leqslant \tau_1] - \beta\gamma E[\pi(c^U, \tau_1)] - (1-\beta)[1-\beta(1-\gamma)]K}{[1-\beta(1-\gamma)][1-\beta(1-\gamma H(\tau_1))]} \qquad (3.15)$$

将公式（3.14）、公式（3.15）代入公式（3.7），可得进入出口市场的固定成本：

$$K = \frac{\beta\gamma H(\tau_1)[\pi(c^U, \tau_1) - E(\pi(c^U, \tau') \mid \tau' \leqslant \tau_1)]}{(1-\beta)[1-\beta(1-\gamma)]} + \frac{\pi(c^U, \tau_1)}{1-\beta(1-\gamma)}$$
$$+ \frac{\beta\gamma E[\pi(c^U, \tau_1)]}{(1-\beta)[1-\beta(1-\gamma)]} \qquad (3.16)$$

由公式（3.6）、公式（3.16）可得：

$$c^D = U_m(\tau_t)c^U \qquad (3.17)$$

其中，$U_m(\tau_t) = \left[\dfrac{1-\beta+\beta\gamma\Delta(\tau_t)}{1-\beta+\beta\gamma}\right]^{\frac{1}{\sigma-1}}$，$\Delta(\tau_t) = \dfrac{E(\tau^{-\sigma}) + H(\tau_t)[\tau_t^{-\sigma} - E(\tau^{-\sigma} \mid \tau \leqslant \tau_t)]}{\tau_t^{-\sigma}}$。

由公式（3.17）可得当贸易政策不确定性下降时 $c^U < c^D$，表明贸易政策不确定性的下降会让进入出口市场企业的边际生产成本提高，此时，进入出口市场的门槛降低，大量企业进入出口市场，进而扩大出口规模。

3.1.2 贸易政策不确定性影响出口规模的机制分析

贸易政策不确定性影响企业出口规模的理论基础在于延迟投资效应，迪克西特（Dixit，1989）关于不确定性下的企业进入和退出的研究表明，当沉没市场进入成本与未来条件的不确定性相结合时，可能存在等待投资的期权价值。新出口商面临这两种因素：进入出口市场的沉没成本（Roberts and Tybout，1997）和大量的不确定性的贸易政策。

获得利润是企业存在的意义，是否能够获得较好的投资利润是企业发展的重要前提。因此，从利润视角分析贸易政策不确定性对企业出口规模的影响，是探讨贸易政策不确定性微观经济影响的重要切入点。首先，贸易政策不确定性上升增加了企业的投资风险，这种风险产生的原因在于出口目的国可能会提高关税水平，导致企业获得利润水平下降甚至无利可图，由于多数企业经营者为理性经济人，偏好于风险规避，随着贸易中不确定性的上升，他们的出口意愿下降，目的在于降低企业出口中可能存在的风险。其次，根据等待投资的期权价值的分析，假定企业经营者进入出口市场的沉没成本是一定的，此时，理性企业经营者会判断究竟是选择当期出口，还是选择"观望"策略。当贸易政策不确定性上升时，企业面临的风险加大，出口利润水平下降，此时企业往往会减少出口规模，甚至停止出口以抵御这种不利影响；当贸易政策不确定性下降时，企业面临的风险减少，出口利润水平上升，此时企业会扩大出口规模，以实现利润最大化的目标。

基于上述分析，我们能够得到以下结论：贸易政策不确定性通过影响预期利润与进入市场的固定成本之间的差额，进而影响出口规模，具体分析如图 3.1 所示。

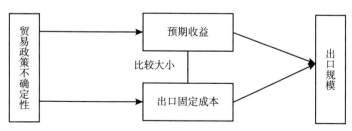

图 3.1 贸易政策不确定性影响出口规模的理论分析

3.2 贸易政策不确定性影响出口
结构升级的理论分析

3.2.1 贸易政策不确定性影响出口结构升级的模型建立

借鉴梅里兹（Melitz，2003）、汪亚楠和周梦天（2017）的企业异质性模型将贸易政策不确定性引入企业出口产品核心竞争力的影响因素分析框架，探究贸易政策不确定性对企业出口产品核心竞争力的作用机理。

假设代表性消费者的效用函数为 CES 形式：

$$U = \Big[\int_{v \in \Omega} (q_v)^{\frac{\sigma-1}{\sigma}} \mathrm{d}v \Big]^{\frac{\sigma}{\sigma-1}} \tag{3.18}$$

其中，q_v 表示出口产品数量；v 表示产品种类；Ω 表示产品种类的集合；σ 表示各类产品之间的替代弹性。

给定预算约束，对公式（3.18）求最优解，得到代表性消费者对产品种类 v 的需求：

$$q_v = R \frac{p_v^{-\sigma}}{P^{1-\sigma}} \tag{3.19}$$

其中，R 表示消费者支出；P 表示价格指数，即 $P = \Big[\int_{v \in \Omega} (p_v)^{1-\sigma} \mathrm{d}v \Big]^{\frac{1}{1-\sigma}}$；$p_v$ 是产品 v 的价格。

假设每个时期的国外消费者支出 R 是外生的；国内工资是固定的，且标准化为 1；企业产品出口关税为 τ，出口到国外市场的价格为 $p_j = \tau p_v$；假设企业产品核心竞争力为 θ，其产品生产的单位成本为 $1/\theta$，相比之下，那些企业的核心产品，其生产成本会低于一般产品。那么，企业的收益函数为：

$$V(\theta) = \Big(\frac{p_j}{\tau} - \frac{1}{\theta} \Big) q \tag{3.20}$$

根据利润最大化的定价策略 $p_j = \dfrac{\sigma}{\sigma - 1} \times \dfrac{\tau}{\theta}$，将其代入公式（3.20），此时企业的收益为：

$$V(\theta) = \frac{R}{\sigma}\left(\frac{\sigma}{\sigma - 1} \times P\theta\right)^{\sigma - 1} \tau^{-\sigma} \tag{3.21}$$

假设相同产品其产品价格也相同。那么，总价格指数为 $P = \left[\displaystyle\int_0^\infty p(\theta)^{1-\sigma} M\mu(\theta)\mathrm{d}\theta\right]^{\frac{1}{1-\sigma}}$，其中，$\mu(\theta)$ 为密度函数，$P = \dfrac{\sigma}{\sigma - 1} \times \dfrac{\tau}{\theta} M^{\frac{1}{1-\sigma}} = p(\theta)M^{\frac{1}{1-\sigma}}$，企业的平均核心竞争力为 $\tilde{\theta} = \left[\displaystyle\int_0^\infty \theta\mu(\theta)\mathrm{d}\theta\right]^{\frac{1}{\sigma - 1}}$。由此，可将式（3.21）化为：

$$V(\theta) = \frac{1}{\sigma\tau} \times \frac{R}{M} \times \frac{\theta}{\tilde{\theta}} \tag{3.22}$$

借鉴汉德利（Handley，2014）、汉德利和利马奥（Handley and Limao，2017），引入参数 $\gamma(0 < \gamma < 1)$ 表示贸易政策冲击发生概率。并进一步假设关税税率 τ_t 的分布函数为 $H(\tau_t)$，且 $\tau_t \in [1,\ +\infty]$，当 $\tau_t = 1$ 时表示自由贸易，当 $\tau_t = \infty$ 时，代表最高约束关税。那么，企业产品质量为 θ 的预期收益为：

$$V_p(\tau_t,\ \theta) = V(\tau_t,\ \theta) + \beta\left[(1 - \gamma)V_p(\tau_t,\ \theta) + \gamma E_t V_p(\tau_{t+1},\ \theta)\right] \tag{3.23}$$

由公式（3.6）可知，企业产品核心竞争力为 θ 的预期收益现值由两个部分组成，即当期（t）收益 $V(\tau_t,\ \theta)$ 和下一期（$t+1$）预期收益现值。其中下一期（$t+1$）预期收益现值同样由两部分组成，未受到贸易政策冲击的收益 $(1-\gamma)V_p(\tau_t,\ \theta)$ 和受到贸易政策冲击的收益 $\gamma E_t V_p(\tau_{t+1},\ \theta)$，受到贸易政策冲击后，关税由 τ_t 变化为 τ_{t+1}，β 为贴现率。

对公式（3.23）两边取期望，可得：

$$E_t V_p(\tau_t,\ \theta) = \frac{1}{1-\beta}E_t V(\tau_t,\ \theta) \tag{3.24}$$

由公式（3.23）、公式（3.24）可得：

$$V_p(\tau_t,\ \theta) = \frac{1}{1-\beta}\left[\Phi_a V(\tau_t,\ \theta) + \Phi_b E_t V(\tau_t,\ \theta)\right] \tag{3.25}$$

其中，$\Phi_a = \dfrac{1-\beta}{1-\beta(1-\gamma)}$，$\Phi_b = \dfrac{\beta\gamma}{1-\beta(1-\gamma)}$，$\Phi_a + \Phi_b = 1$。

将公式（3.22）代入公式（3.25）可得企业产品核心竞争力为 θ 的预期收益为：

$$V_p(\tau_t, \theta) = BRU_m\theta^{\sigma-1} \tag{3.26}$$

其中，$B = \dfrac{1}{M\sigma(1-\beta)\theta^{\sigma-1}}$，$R$ 表示消费者支出，$U_m = \Phi_a\tau^{-1} + \Phi_b E_t\tau_t^{-1}$，$U_m$ 是关于当前关税和预期关税的复合关税的加权值，因此我们将 U_m 表示贸易政策不确定性指数，U_m 值大小取决于当前的关税 τ、关税的预期值 $E_t\tau_t$ 以及权重（Φ_a 和 Φ_b）。由于当前关税 τ 是外生的，因此，企业面临的贸易政策不确定性与两个因素有关。第一，预期关税。贸易政策不确定性下降，预期关税降低，$E_t\tau_t^{-1}$ 值增加，从而 U_m 值增加。第二，Φ_a 和 Φ_b 权重的大小。该权重与贸易政策不确定性的冲击概率 γ 相关，当贸易政策不确定性降低，γ 值降低，U_m 值增加。

计算出预期出口收益和出口固定成本后，可以得到企业出口的临界条件：

$$\pi_p(\tau_t, \theta) = V_p(\tau_t, \theta) - \frac{MK_e}{1-\beta} \tag{3.27}$$

由公式（3.27）可知，当企业出口利润为 0 时，企业进入出口市场的产品核心竞争力临界值为：

$$\theta = \left[\frac{MK_e}{(1-\beta)BRU_m}\right]^{\frac{1}{\sigma-1}} \tag{3.28}$$

本书假设企业出口两种产品（A 产品和 B 产品），其中 A 产品具有核心竞争力，B 产品的竞争力低于 A 产品（$\theta_B < \theta_A$）。

$$skew = \frac{\theta_A}{\theta_B} = \left(\frac{U_{mB}}{U_{mA}}\right)^{\frac{1}{\sigma-1}} \tag{3.29}$$

进一步地，将公式（3.29）进行一阶求导，可以得出：

$$\frac{\partial skew}{\partial \gamma} < 0 \tag{3.30}$$

由公式（3.30）可知，贸易政策不确定性下降会减少非核心竞争力产品，而促进核心竞争力产品的产生，进而会促进企业出口结构升级。

3.2.2 贸易政策不确定性影响出口结构升级的机制分析

企业产品结构变化与内部产品结构升级在跨国企业中普遍存在（易靖韬等，2017；钱学锋和王备，2017），进一步地，伯纳德等（Bernard et al.，2010）认为企业产品结构调整是企业资源配置优化的有效途径，其关键在于资源一定的情况下，如何实现利润最大化。该研究认为企业调整产品结构，甚至改变其核心产品等产品转换行为，可以最大限度地满足不断调整的世界市场需求变化，实现企业利润最大化。这也将既有文献大多从企业层面的资源再配置行为转移到更为微观的产品层面（Bernard et al.，2010；Mayer et al.，2014；易靖韬等，2017），为本书研究贸易政策不确定性如何影响企业出口结构升级提供了重要借鉴和理论基础。

企业在生产中会面临贸易政策不确定性的约束，企业可能会在生产中采用不同的中间品和技术，其企业出口技术复杂度也可能不同，即使不考虑中间品差异，不同出口产品结构也可能产生不同出口技术复杂度（Bernard et al.，2010），因而，当贸易政策不确定性发生变化时，制造业企业进行出口决策会考虑出口产品结构。理论上，受企业贸易政策不确定性成本约束与利润最大化驱动，一方面，贸易政策不确定性可能直接导致企业出口关税的增加，无形之中增加企业出口成本，另一方面，预期利润的降低，贸易政策不确定性可能会诱致企业调整生产行为，例如，多元化产品策略，或者将资源转移至高利润产品的生产等一系列内部产品资源再配置。当贸易政策不确定性上升时，企业面临的风险上升，企业无法预测国际贸易政策下一步变化的方向及程度，导致企业通常会采取较为保守的风险规避型经营战略，甚至生产低出口技术复杂度的产品以保证企业生存；当贸易政策不确定性下降时，激烈的竞争环境迫使企业更可能放弃生产那些低出口技术复杂度的产品，转而生产那些高出口技术复杂度的产品，以获得最大化的利润。

那么从产品层面资源再配置角度考察贸易政策不确定性对企业出口结构

升级的影响就显得尤为重要。企业出口结构升级涉及有限资源在不同企业间、企业内出口产品间以及出口产品的优化再配置，贸易政策不确定性下降引致的出口门槛降低、企业间的竞争效应加强，从而促使生产要素在不同企业间、企业内出口产品间以及出口产品的转移，对企业的出口技术复杂度产生促进作用。贸易政策不确定性上升时引致的出口门槛提高、企业间的竞争效应降低，可能会抑制生产要素在不同企业间、企业内出口产品间以及出口产品的转移，对企业的出口技术复杂度产生负面影响，具体如图 3.2 所示。

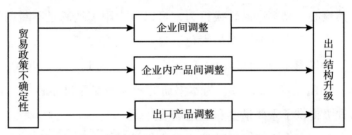

图 3.2　贸易政策不确定性影响出口结构升级的理论分析

3.3　贸易政策不确定性影响出口产品质量的理论分析

3.3.1　贸易政策不确定性影响出口产品质量的模型建立

本书参考梅里兹（Melitz，2003）、哈拉克和斯瓦达桑（Hallak and Siva-dasan，2009）的模型，从理论上推导企业出口产品质量的决定因素，为后文的实证研究提供理论基础。

3.3.1.1　消费者

假设代表性消费者的效用函数为 CES 形式：

$$U = \Big[\int_{v \in \Omega} (\lambda_v q_v)^{\frac{\sigma-1}{\sigma}} \mathrm{d}v \Big]^{\frac{\sigma}{\sigma-1}} \tag{3.31}$$

其中，q_v 表示出口产品数量；v 表示产品种类；Ω 表示产品种类的集合；λ_v 表示企业出口的产品种类 v 的技术含量；σ 表示各类产品之间的替代弹性。

给定预算约束，对公式（3.30）求最优解，得到代表性消费者对产品种类 v 的需求：

$$q_v = R \lambda_v^{\sigma-1} \frac{p_v^{-\sigma}}{P^{1-\sigma}} \tag{3.32}$$

其中，R 表示消费者支出；P 表示价格指数，即 $P = \Big[\int_{v \in \Omega} \Big(\frac{p_v}{\lambda_v} \Big)^{1-\sigma} \mathrm{d}v \Big]^{\frac{1}{1-\sigma}}$；$p_v$ 是产品 v 的价格。

3.3.1.2 厂商

我们假定企业在生产率和出口产品质量两个方面存在异质性，并进一步假定企业生产率为 φ，产品质量为 λ 的生产成本可表示为：

$$C(\lambda, \varphi) = \frac{\lambda^\alpha}{\varphi} q \tag{3.33}$$

其中，参数 $\alpha(\alpha > 0)$ 表示边际成本对出口产品质量的弹性，那么企业的预期收益为：

$$V(p, \lambda, \varphi, \tau) = \Big(\frac{p}{\tau} - \frac{\lambda^\alpha}{\varphi} \Big) q \tag{3.34}$$

那么在最大化利润条件下，企业最优定价为：

$$p = \Big(\frac{\sigma}{\sigma-1} \Big) \frac{\tau \lambda^\alpha}{\varphi} \tag{3.35}$$

将公式（3.32）、公式（3.35）代入公式（3.34），则预期利润可以表示为：

$$V(\lambda, \varphi, \tau) = R \Big(\frac{1}{\sigma-1} \Big) - \sigma \sigma^{-\sigma} \tau^{-\sigma} \varphi^{\sigma-1} P^{\sigma-1} \lambda^{(\sigma-1)(1-\alpha)} \tag{3.36}$$

借鉴汉德利（Handley，2014）、汉德利和利马奥（Handley and Limao，2017），引入参数 $\gamma(0 < \gamma < 1)$ 表示贸易政策冲击发生概率。并进一步假设关税税率 τ_t 的分布函数为 $H(\tau_t)$，且 $\tau_t \in [1, +\infty]$，当 $\tau_t = 1$ 时表示自由贸

易，当 $\tau_t = +\infty$ 时，代表最高约束关税。那么，企业产品质量为 θ 的预期收益为：

$$V(\lambda, \varphi, \tau_t) + \beta[(1-\gamma)V_p(\lambda, \varphi, \tau_t) + \gamma E_t V_p(\lambda, \varphi, \tau_{t+1})]$$

$$(3.37)$$

由公式（3.37）可知，企业产品核心竞争力为 θ 的预期收益现值由两个部分组成，即当期（t）收益 $V(\tau_t, \theta)$ 和下一期（$t+1$）预期收益现值。其中下一期（$t+1$）预期收益现值同样由两部分组成：未受到贸易政策冲击的收益 $(1-\gamma)V_p(\tau_t, \theta)$ 和受到贸易政策冲击的收益 $\gamma E_t V_p(\tau_{t+1}, \theta)$。受到贸易政策冲击后，关税由 τ_t 变化为 τ_{t+1}，β 为贴现率。

对公式（3.37）两边取期望，可得：

$$E_t V_p(\lambda, \varphi, \tau_t) = \frac{1}{1-\beta} E_t V_p(\lambda, \varphi, \tau_t) \qquad (3.38)$$

由公式（3.37）、公式（3.38）可得：

$$V_p(\lambda, \varphi, \tau_t) = \frac{1}{1-\beta}[\Phi_a V(\lambda, \varphi, \tau_t) + \Phi_b E_t V(\lambda, \varphi, \tau_t)] \qquad (3.39)$$

其中，$\Phi_a = \dfrac{1-\beta}{1-\beta(1-\gamma)}$，$\Phi_b = \dfrac{\beta\gamma}{1-\beta(1-\gamma)}$，$\Phi_a + \Phi_b = 1$。

将公式（3.36）代入公式（3.39）可得企业的预期收益为：

$$V(\lambda, \varphi, \tau_t) = \frac{A}{1-\beta}\varphi^{\sigma-1}\lambda^{(\sigma-1)(1-\alpha)}T_t \qquad (3.40)$$

其中，$A = R\left(\dfrac{1}{\sigma-1}\right)\sigma\sigma^{-\sigma}P^{\sigma-1}$，$R$ 表示消费者支出，$T_t = \Phi_a\tau^{-1} + \Phi_b E_t\tau_t^{-1}$，$T_t$ 是关于当前关税和预期关税的复合关税的加权值，因此我们将 T_t 表示贸易政策不确定性指数，T_t 值大小取决于当前的关税 τ、关税的预期值 $E_t\tau_t$ 以及权重（Φ_a 和 Φ_b）。由于当前关税 τ 是外生的，因此，企业面临的贸易政策不确定性与两个因素有关：第一，预期关税，贸易政策不确定性下降，预期关税降低，$E_t\tau_t^{-1}$ 值增加，从而 T_t 值增加；第二，Φ_a 和 Φ_b 权重的大小。

企业出口的临界条件为：

$$\pi(\lambda, \varphi, \tau_t) = \frac{A}{1-\beta}\varphi^{\sigma-1}\lambda^{(\sigma-1)(1-\alpha)}T_t - \lambda^\eta f_e \qquad (3.41)$$

当 $\pi(\lambda, \varphi, \tau_t) = 0$ 时，可以得出企业出口产品质量的临界值：

$$\lambda(\gamma, \varphi, \tau_t) = \frac{\dfrac{A\varphi^{\sigma-1}T_t}{(1-\beta)f_e}}{\eta-(\sigma-1)(1-\alpha)} \tag{3.42}$$

对公式（3.42）一阶求导可得：

$$\frac{\partial \lambda(\gamma, \varphi, \tau_t)}{\partial \gamma} = -\frac{\beta(1-\beta)\left[\dfrac{A\varphi^{\sigma-1}T_t}{(1-\beta)f_e}\right]\dfrac{1}{[\eta-(\sigma-1)(\alpha-1)]}[\tau_t^{-\sigma}-E_{t+1}(\tau_{t+1}^{-\sigma})]}{T_t[\eta-(\sigma-1)(1-\alpha)] \times [1-\beta(1-\lambda)]^2} < 0$$

$$\tag{3.43}$$

式（3.43）表明，贸易政策不确定性与出口产品质量呈现出反向关系，随着贸易政策不确定性的下降，出口产品质量得到了提升。

3.3.2 贸易政策不确定性影响出口产品质量的机制分析

中间品进口结构优化是出口产品质量提升的重要渠道（许家云等，2017），贸易政策不确定性下降会促进出口贸易大幅度增加，为了满足出口扩张需要，企业需要大量的进口中间品。与此同时，优化中间品进口结构，例如，采用更高质量、多种类的中间品投入，技术溢出效应在企业内得到有效扩散，产品竞争力也会得到大幅度的提升。首先，当企业进口技术含量比较高的中间品时，其加工成品的产品质量也会比较高，可直接促进企业出口产品质量的提升（Bas and Strauss-Kahn，2015；许家云等，2017）；其次，企业投入进口中间品可以形成一定的产业关联，通过产业间技术溢出来促进出口产品质量的提升，也可以对进口中间品进行逆向工程、"干中学"等技术模仿创新，改进生产工艺和积累技术经验，推动自身技术进步，进而促进产品出口产品质量（齐俊妍和吕建辉，2016）；最后，制造业企业进口中间品多样化，意味着其从国外进口的产品种类丰富，包括一些技术复杂度较高的中间品，有助于企业采用更加先进的中间品来替代落后的中间品，进而提升其产品出口质量（Eck and Huber，2016）。因此，贸易政策不确定性还可以通过进口中间品的诱发效应这一可能的升级渠道提升企业出口产品质量，具体如图3.3所示。

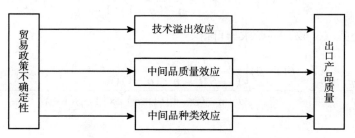

图 3.3　贸易政策不确定性影响出口产品质量的理论分析

3.4　贸易政策不确定性影响加成率的理论分析

3.4.1　贸易政策不确定性影响加成率的模型建立

借鉴博塔索等（Bottasso et al.，1997），构建包含贸易政策不确定性和企业加成率的理论模型。

假设企业的需求函数为：

$$q_t = D(p_t, v_t) \tag{3.44}$$

其中，q_t 表示 t 时期企业的产量，p_t 为 t 时期的产品价格，v_t 为 t 时期的需求变动。

根据产品定价计算出企业的最大化期望：

$$E_t \sum_{s=t}^{\infty} \beta_{t,s} \{ p_s D(p_s, v_s) - c[w_s, D(p_s, v_s)] - h[D(p_s, v_s), D(p_{s-1}, v_{s-1})]$$
$$- u[D(p_s, v_s)] \} \tag{3.45}$$

其中，E 表示期望值；$\beta_{t,s}$ 表示 t 期与 s 期之间的贴现因子；$c(\cdot)$ 表示企业成本变动函数，$c(\cdot)$ 取决于可变投入与企业产量；w 表示可变投入；$h(\cdot)$ 表示调整成本函数，取决于企业产量；$u(\cdot)$ 表示不确定性成本，我们假设 $\mu(\cdot)$ 为企业产量的减函数，即企业产量越大，企业面临的不确定性越小。

将公式（3.45）对 p_t 进行一阶求导：

$$\left\{q_t + \mu_t\left[p_t - \frac{\partial c(t)}{\partial q_t} - \frac{\partial h(t)}{\partial q_t} - \frac{\partial u(t)}{\partial q_t}\right]\right\} - E_t\beta_{t,t+1}\left[\mu_t\frac{\partial h(t+1)}{\partial q_t}\right] = 0 \quad (3.46)$$

其中，$\mu_t = \frac{\partial D(t)}{\partial p_t} + \frac{\partial D(t)}{\partial r_t} \times \frac{\partial r_t}{\partial p_t}$，表示价格变化对企业产量的影响。等号右边第一项表示企业自身价格变化对产量的影响，等号右边第二项表示行业内其他企业产品价格变化对其产量的影响，r_t 表示其他企业的价格向量。公式（3.46）为企业改变产品价格所引致的边际收益与边际成本相等时的最优路径。

将公式（3.46）中 μ_t 替换为 $(1+\lambda_t)[\partial D(t)/\partial p_t]$，再进行整理，可得：

$$\left\{\frac{q_t}{p_t} \times \frac{\partial p_t}{\partial D(t)} + (1+\lambda_t) - \frac{\partial c(t)}{\partial q_t} \times \frac{1}{p_t}(1+\lambda_t) - \frac{\partial h(t)}{\partial q_t} \times \frac{1}{p_t}(1+\lambda_t)\right.$$
$$\left. - \frac{\partial u(t)}{\partial q_t} \times \frac{1}{p_t}(1+\lambda_t)\right\} - E_t\beta_{t,t+1}\left[\frac{\partial h(t+1)}{\partial q_t} \times \frac{1}{p_t}(1+\lambda_t)\right] = 0 \quad (3.47)$$

将需求价格弹性的逆 ε_t 以及产出的成本弹性 η_t 代入公式（3.47），其中 $\varepsilon_t = \frac{q_t}{p_t} \times \frac{\partial p_t}{\partial D(t)}$，$\eta_t = \frac{\partial c(t)}{\partial q_t} \times \frac{q_t}{c(t)}$，可得：

$$\varepsilon_t + (1+\lambda_t) - \eta_t\frac{c(t)}{q_t} \times \frac{1}{p_t}(1+\lambda_t) - \frac{\partial h(t)}{\partial q_t} \times \frac{1}{p_t}(1+\lambda_t) - \frac{\partial u(t)}{\partial q_t}$$
$$\times \frac{1}{p_t}(1+\lambda_t) - E_t\beta_{t,t+1}\left[\frac{\partial h(t+1)}{\partial q_t} \times \frac{1}{p_t}(1+\lambda_t)\right] = 0 \quad (3.48)$$

将 $(p_tq_t - c_t)/p_tq_t$ 定义为 PCM_t 并代入式（3.48），可得：

$$(1+\lambda_t)\left(\frac{p_tq_t - c_t}{p_tq_t}\right) + (1+\lambda_t)(1-\eta_t)\frac{c_t}{p_tq_t} = (1+\lambda_t)\left[PCM_t + (1-\eta_t)\frac{c_t}{p_tq_t}\right]$$
$$(3.49)$$

将公式（3.49）代入公式（3.48）可得：

$$PCM_t = (\eta_t - 1)\frac{c_t}{p_t q_t} - \frac{\varepsilon_t}{(1+\lambda_t)} + \left[\frac{\partial h(t)}{\partial q_t} + \frac{\partial u(t)}{\partial q_t}\right]\frac{1}{p_t} + e_{t+1} \quad (3.50)$$

公式（3.50）中，我们用实际值代替期望值，由此带来的误差用 e_{t+1} 表示。

为了方便分析，我们引入参数化的调整成本函数 $h(\cdot)$ 和不确定性成本函数 $u(\cdot)$，其具体形式为：

$$h(\cdot) = \frac{\alpha_1}{2}\left(\frac{q_t - q_{t-1}}{q_{t-1}}\right)^2 q_{t-1} \quad (3.51)$$

$$u(\cdot) = \frac{\alpha_2}{q_t} \quad (3.52)$$

公式（3.52）中，α_2 为不确定性，将公式（3.51）和公式（3.52）代入公式（3.50）中，可得：

$$\overline{PCM} = -\frac{\varepsilon_t}{(1+\lambda_t)} + \alpha_1 \frac{q_t - q_{t-1}}{p_t q_{t-1}} - \alpha_2 \frac{1}{p_t q_t^2} \quad (3.53)$$

对公式（3.53）进行一阶求导：

$$\frac{\partial \overline{PCM}}{\partial \alpha_2} = -\frac{1}{p_t q_t^2} < 0 \quad (3.54)$$

由公式（3.54）可知当贸易政策不确定性下降时，会促进企业加成率的提升。

3.4.2 贸易政策不确定性影响加成率的机制分析

通过第 2 章相关文献分析得知，企业创新和竞争效应对企业加成率都具有显著的促进作用，那么贸易政策不确定性是否会影响企业创新和竞争效应呢？当前既有文献对这一问题进行了详细论证，刘和马（Liu and Ma，2020）研究发现贸易政策不确定性的下降能够显著促进企业创新，而企业创新能够通过扩大市场份额和降低企业产品的边际成本来提升企业的加成率（刘啟仁和黄建忠，2016；诸竹君等，2017）。

此外，贸易政策不确定性下降将引致更多的企业聚集在出口市场，伴随着企业数量的增多，企业之间的竞争效应增强，企业为了获取更多的利润或者在激烈的竞争中生存下来，就必须提高自身的生产率，这有利于企业产品边际成本的下降。由此，企业创新和企业间竞争效应的加强都是贸易政策不确定性影响企业加成率的重要渠道。其作用机制如图 3.4 所示。

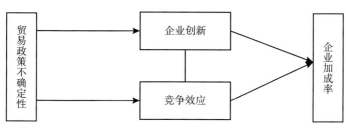

图 3.4　贸易政策不确定性影响加成率的理论分析

3.5　本 章 小 结

本章的重点是梳理贸易政策不确定性、企业出口规模和企业出口结构升级、企业出口产品质量以及企业加成率的相关理论，对贸易政策不确定性如何影响企业出口规模和企业出口结构升级、企业出口产品质量和企业加成率进行理论分析，以及构建贸易政策不确定性和影响企业出口规模和企业出口结构升级、企业出口产品质量以及企业加成率的理论模型。在梅里兹（Melitz，2003）企业异质性模型的基础上，引入贸易政策不确定性这一外部冲击，借助理论模型揭示贸易政策不确定性影响企业出口规模和企业出口结构升级、企业出口产品质量以及企业加成率。得到如下待检验的理论推断：第一，贸易政策不确定性下降会促进企业出口规模；第二，贸易政策不确定性下降有利于企业出口结构升级；第三，贸易政策不确定性的下降有利于企业提高其出口产品质量；第四，贸易政策不确定性的下降有利于企业加成率的提升。

此外，通过理论机制分析，得知：第一，贸易政策不确定性通过出口固定成本影响企业出口规模；第二，贸易政策不确定性通过产品层面资源再配置影响企业出口结构升级；第三，贸易政策不确定性通过进口中间品的诱发效应影响企业出口产品质量；第四，贸易政策不确定性通过企业创新和竞争效应影响企业加成率。作用机制分析结果还需要进一步通过中介效应检验，来验证理论分析结果的正确性。

第 4 章

贸易政策不确定性影响企业
出口规模的实证检验

本章首先对贸易政策不确定性进行描述性统计分析，充分刻画贸易政策不确定性的变动趋势。接下来，基于第 3 章贸易政策不确定性与企业出口规模相关理论分析所提供的理论基础和逻辑框架，本章选取贸易政策不确定性指数和 2000～2007 年中国工业企业数据，通过构建包含贸易政策不确定性和企业出口规模的计量经济模型，检验贸易政策不确定性对企业出口规模的影响，旨在验证第 3 章理论分析。为了保证研究结论的稳健性，通过识别假设检验、更换贸易政策不确定性和出口规模度量方法等对基准回归结果进行稳健性检验。在此基础上，考察了贸易政策不确定性影响企业规模的异质性。最后，通过中介效应模型检验贸易政策不确定性影响企业出口规模的途径。

4.1　研　究　设　计

4.1.1　数据来源与处理

本书主要使用微观企业数据、美国进口关税数据和企业出口产品数据。

样本期为2000~2007年，仅保留我国向美国出口产品的制造业企业。

（1）基于2000~2007年的中国工业企业数据库，并且参照勃兰特等（Brandt et al.，2012）、聂辉华等（2012）以及陆和虞（Lu and Yu，2015），删除数据库中中间品投入、总资产、员工数等的异常数据。

（2）基于2000~2007年的中国海关数据库，参考施炳展（2013），删除数据库的异常数据，包括：一是企业名称、出口目的国以及产品名称缺失的样本；二是交易异常的样本，如规模低于50美元以及单位数量小于1。参考虞（Yu，2015），将中国工业企业数据库与中国海关数据库合并，最终获得337595个有效观测值①。

（3）WTO网站子项目"Tariff Download Facility"上中国进口关税数据，以及芬斯特拉（Feenstra，2002）整理的美国HS6位层面的斯姆特－霍利关税，将所有涉及的数据都经过HS6位码转换成HS1996标准。

4.1.2 变量定义

4.1.2.1 被解释变量

企业出口规模（lnEX）。采用企业出口金额的对数表示。

4.1.2.2 核心解释变量

贸易政策不确定性（TPU），借鉴毛其淋和许家云（2018），首先计算产品层面的贸易政策不确定性，测算公式如下：

$$TPU_f = \ln\left(\frac{\tau_f^{col2}}{\tau_f^{mfn}}\right) \tag{4.1}$$

其中，τ_f^{col2}为2001年美国对非正常贸易国施加的产品 f 关税水平，即斯姆特－

---

① 此外我们还将中国海关数据库中的企业名称中包含"进出口""经贸""贸易""科贸""外经"等字样的企业归属为贸易中间商的样本删除。由于贸易中间商与其他制造业企业在进出口动机、生产行为等方面存在显著差异，为了得到准确的研究结论，我们进一步删除了贸易中间商样本。

霍利关税；τ_f^{mfn} 为 2001 年美国对产品 f 征收的最惠国关税（MFN Tariff）[①]。

具体变量定义，如表 4.1 所示。

表 4.1 变量定义

变量类型	变量符号	变量名称	变量测度方法
被解释变量	lnEX	出口规模	基于海关数据库采用企业出口金额的对数表示
解释变量	$TPU1$	贸易政策不确定性	贸易政策不确定性的测算方法的思想一般基于斯姆特－霍利关税（Smoot-Hawley Tariff）和最惠国关税（MFN Tariff）的一阶差分。但在具体形式上，本书首先借鉴刘和马（Liu and Ma，2020）的设定：$TPU_f = 1 - (\tau_f^{col2}/\tau_f^{mfn})^{-\sigma}$
	$TPU2$	贸易政策不确定性	借鉴皮尔斯和肖特（Pierce and Schott，2016），贸易政策不确定性的测度，本文设置为以下形式：$TPU2 = \tau_f^{col2} - \tau_f^{mfn}$
	$TPU3$	贸易政策不确定性	借鉴汉德利和利马奥（Handley and Limao，2017），贸易政策不确定性的测度，本文设置为以下形式：$TPU2 = \ln(\tau_f^{col2}/\tau_f^{mfn})$

注：$TPU2$ 和 $TPU3$ 作为本书稳健性检验中的解释变量。

4.1.2.3 控制变量

借鉴盛斌和毛其淋（2017，2020），选取以下控制变量：

（1）企业规模（*scale*），既有较多文献采用企业固定资产来表示，然而大量企业样本缺失固定资产这一数据，因此本书采用企业从业人员数的对数值来表示。

（2）政府补贴（*sub*），同样受制于企业样本的该数据大量缺失和异常，

[①] 需要说明的是，上述测算得到的均是 HS6 位码层面的贸易政策不确定性指数。为了研究的需要，本书进一步将它们加总到工业行业分类 4 位码层面。具体步骤为：首先将 HS6 位码产品对应到中国工业行业分类 4 位码（CIC4 位码），然后对每个行业内产品层面的 TPU 指数进行简单平均，即可得到行业层面的贸易政策不确定性指标。

尽可能地保留样本，因此本书采用虚拟变量表示，若企业受到政府补贴，该变量取 1，否则取 0。

（3）企业年龄（*age*），采用企业当年所处年份减去开业年份加 1 取对数表示。

（4）资本密集度（*CI*），采用固定资产对企业就业人数的比值取对数衡量。

（5）行业总规模（*IV*），采用企业层面的实际增加值在产业层面上加总后取对数表示。

（6）赫芬达尔指数（*HHI*），采用行业市场份额的平方和来衡量。

（7）最终品进口关税（*outputtariff*），采用各行业所进口的 HS6 位码产品的简单平均关税率来衡量表示。

（8）中间品进口关税（*inputtariff*），采用 $inputtariff = \sum_{g} \theta_{ig} \times outputtariff_{gt}$ 来测算行业中间品关税，其中 θ_{ig} 表示要素 g 的投入权重，用投入要素 g 的成本占行业 i 总投入要素成本的比重来衡量。

（9）国有企业改革（*reform*），为了避免样本期内其他政策实施的影响，例如，1998 年实施的国有企业改革措施，采用行业非国有资本与总资本相除来衡量。

（10）放松外资管制（*deregulation*），为了避免样本期内其他政策实施的影响，如 2002 年实施的放松外资管制措施，采用行业层面外资企业数的对数来刻画。

4.1.3 计量模型设定

为实证考察贸易政策不确定性对中国企业出口规模的影响，借鉴毛其淋

（2020），构建计量模型如下[①]：

$$\ln EX_{ijt} = \alpha_0 + \beta_1 TPU_{j01} \times Post02_t + \sum_{\gamma} X_{ijt} + \lambda_t + u_i + \varepsilon_{ijt} \qquad (4.2)$$

其中，下标 i、j、t 分别代表企业、行业和年份；$\ln EX_{ijt}$ 为被解释变量，表示企业 i 在 t 期出口规模；TPU_{j01} 为 2001 年行业层面的关税差额，表征中国加入 WTO 之前面临的贸易政策不确定性程度。$Post02_t$ 为政策实施虚拟变量，若 $t \geqslant 2002$，则该虚拟变量取 1，否则取 0。交叉项 $TPU_{j01} \times Post02_t$ 为本书最为关注的，β_1 衡量了高关税差额行业（高 TPU）与低关税差额行业中（低 TPU）企业出口规模在中国加入 WTO 前后的平均差异。若 $\beta_1 > 0$，说明贸易政策不确定性下降对企业出口规模产生正向影响；若 $\beta_1 < 0$，说明贸易政策不确定性下降不利于企业出口规模的提升；若 $\beta_1 = 0$，则贸易政策不确定性下降影响不明显。X_{ijt} 为可能影响企业出口规模的控制变量的集合，包括企业规模（scale）、政府补贴（sub）、企业年龄（age）、资本密集度（CI）、最终品进口关税（outputtariff）、中间品进口关税（inputtariff）、行业总规模（IV）、赫芬达尔指数（HHI）、国有企业改革（reform）、放松外资管制（deregulation）；λ_t 和 u_i 分别表示时间固定效应和企业固定效应；ε_{ijt} 为扰动项。

4.2 结 果 分 析

4.2.1 描述性统计

4.2.1.1 各变量的统计特征

表 4.2 呈现了各变量的统计特征。首先来看企业出口规模（$\ln EX$），平

[①] 本书首先借鉴刘和马（Liu and Ma, 2020）的设定：$TPU_f = 1 - \left(\dfrac{\tau_f^{col2}}{\tau_f^{mfn}} \right)^{-\sigma}$，其余两种测度方法进行稳健性检验。

均值为 11.04，标准差为 1.89，说明从我国企业出口规模离散程度较大，这与我国现实情况相符合。

表 4.2 变量的描述性统计

变量符号	变量名称	观测值（个）	均值	标准差	最小值	最大值
lnEX	企业出口规模	319200	11.04	1.89	9.21	21.85
TPU	贸易政策不确定性	319200	2.37	0.41	0.98	3.54
Post02	年份虚拟变量	319200	0.45	0.49	0.00	1.00
scale	企业规模	286263	5.63	1.13	0.00	12.53
sub	政府补贴	319200	0.47	0.49	0.00	1.00
age	企业年龄	317608	2.16	0.64	0.00	5.13
CI	资本密集度	269671	3.65	1.41	-6.80	12.94
IV	行业总规模	249860	15.80	1.99	5.01	20.42
HHI	赫芬达尔指数	319200	0.06	0.09	0.00	1.00
inputtariff	中间品进口关税	319200	0.21	0.13	0.02	0.41
outputtariff	最终品进口关税	319200	0.15	0.11	0.00	0.78
reform	国有企业改革	241799	0.47	0.46	-0.22	21.33
deregulation	放松外资管制	319200	9.29	0.27	8.49	9.70

贸易政策不确定性（TPU）的均值为 2.37，标准差为 0.41，说明我国企业面临的贸易政策不确定性较为集中，但最小值为 0.98，而最大值为 3.54，说明我国企业面临的贸易政策不确定性存在较大差异，从数据看，与汉德利和利马奥（Handley and Limao，2017）的研究结果较为一致。

最后是控制变量企业规模（scale）、政府补贴（sub）、企业年龄（age）、资本密集度（CI）、最终品进口关税（outputtariff）、中间品进口关税（inputtariff）、行业总规模（IV）、赫芬达尔指数（HHI）、国有企业改革（reform）、放松外资管制（deregulation），这些变量的分布特点与毛其淋（2020）等人研究类似，这里不再展开论述。

4.2.1.2 贸易政策不确定性走势分析

中国融入全球贸易体系被认为是过去二十年中最重要的经济发展之一（Branstetter and Lardy，2008）。图 4.1 绘制了 1995～2013 年中国对美国和世界其他地区的出口规模趋势，以 1995 年为基准年，从 1995～2008 年，中国出口的名义价值增长了 10 倍，远远超过同期全球贸易的增长速度。重要的是，在 2001 年中国正式加入 WTO 前后，出口增长出现了明显的加速。在加入 WTO 之前，从 1995～2001 年，对美出口的年名义增长率约为 14%；加入 WTO 后，从 2002～2008 年，年增长率达到了 25%，这是非常高的。

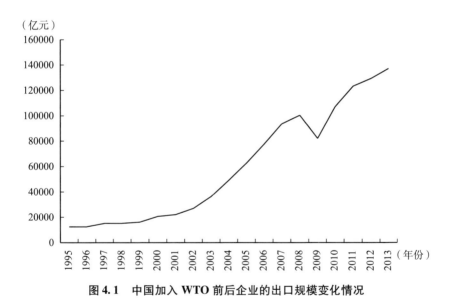

图 4.1 中国加入 WTO 前后企业的出口规模变化情况

中国出口飙升的很大一部分原因可以归结为加入 WTO 后高关税威胁的消除。在 2001 年 12 月加入 WTO 之前，中国被授予临时正常贸易关系（temporary normal trade relations，NTR）的地位，并每年接受美国国会的审议。事实上，美国国会曾三次通过法案取消中国的 NTR 地位。如果临时最惠国贸易协议被撤销，中国出口商将面临惩罚性的非最惠国贸易协议关税。非最惠国关税，也被称为斯姆特－霍利关税，或二类关税（Column 2 Tariff），最初是根据1930年的《斯姆特－霍利关税法》制定的，远远高于在全国贸易委员会地位下适用的最惠国关税。如果中国失去了最惠国地位，平均关税将从目前的4%提高到2000年的31%（Handley and Limao，2017）。因此，在2001年以前，中国出口商面临着巨大的不确定性。这也令美国商界领袖感到不安，因为对最惠国的续期施加条件实际上等同于彻底撤销最惠国待遇，这也意味着不确定性。如图4.2所示，政策的不确定性在6位数的HS产品中有很大差异。

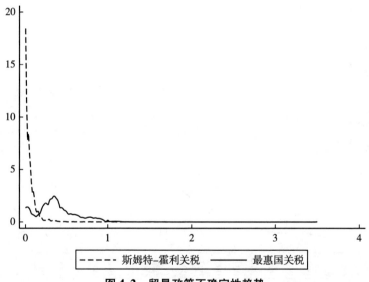

图4.2 贸易政策不确定性趋势

2001年12月11日中国加入WTO后，美国于2002年1月1日有效通过了《正常贸易关系协定》，完全缓解了中国出口商对贸易政策变化（特别是关税层面政策变动）的担忧（Pierce and Schott，2016）。由于美国国会于2000年10月通过了给予中国正常贸易关系地位的法案，如图4.2所示，最惠国关税税率大多集中在低税率水平，相对于斯姆特－霍利关税，中国面临的贸易政策不确定性大大下降了。

4.2.2 基准回归结果

贸易政策不确定性与企业出口规模的基准估计结果，如表4.3所示。

表 4.3　　　　　贸易政策不确定性与企业出口规模的基准估计结果

变量	（1）	（2）	（3）	（4）
$TPU_{j01} \times Post02_t$	0.0390 *** (3.54)	0.0183 *** (3.94)	0.0132 *** (3.27)	0.0271 *** (3.15)
scale		0.3769 *** (82.79)	0.4447 *** (96.80)	0.4414 *** (95.68)
sub		0.1974 *** (3.82)	0.2001 *** (3.94)	0.1979 *** (3.90)
age		− 0.0364 *** (− 6.59)	− 0.0324 *** (− 5.96)	− 0.0328 *** (− 6.04)
CI		0.1906 *** (66.33)	0.1895 *** (65.33)	0.1892 *** (65.25)
IV			0.0133 * (1.77)	0.0114 * (1.85)
HHI			− 0.0230 *** (− 3.14)	− 0.0247 *** (− 3.61)
outputtariff			− 0.0253 *** (− 2.89)	− 0.0250 *** (− 2.88)
inputtariff			− 0.8996 *** (− 7.02)	− 0.9274 *** (− 7.12)
reform				0.0067 *** (3.39)
deregulation				0.6275 *** (2.79)
常数项	6.0145 *** (255.26)	2.1353 *** (41.58)	2.1397 *** (42.38)	2.1791 *** (42.65)

续表

变量	（1）	（2）	（3）	（4）
企业固定效应	是	是	是	是
时间固定效应	是	是	是	是
观测值（个）	319200	269308	265514	265514
R^2	0.8112	0.8135	0.8308	0.8846

注：括号中为对应系数的 t 值；*、**、*** 分别表示在 10%、5% 和 1% 水平上显著。

表 4.3 第（1）列仅考虑核心解释变量，可见贸易政策不确定性（*TPU*）的估计系数为 0.0390，并在 1% 的水平上显著为正，表明贸易政策不确定性下降 1% 企业出口规模将扩大 3.9%。

表 4.3 第（2）列加入了企业层面的控制变量，企业规模（*scale*）的估计系数为 0.3769，且在 1% 水平显著为正，表明企业规模与出口规模表现出同方向的推动作用，可能是因为规模越大的企业，越有能力整合资源加大出口产品规模；政府补贴（*sub*）的估计系数显著为正，说明政府补助有效促进企业的出口规模提升，这可能是因为政府补助使得企业在获得补贴后选择产能扩张；企业年龄（*age*）的估计系数为负，说明企业经营时间对企业出口规模产生了负面作用，可能的解释是企业经营时间越长，其组织架构复杂度提升，企业经营成本上升，反而不利于出口规模提升；资本密集度（*CI*）的估计系数显著为正，说明资本密集度会促进规模的增加，这是因为资本密集型企业往往在拥有更多的资金来克服出口障碍，如出口固定成本。

表 4.3 第（3）列纳入行业层面的控制变量，以排除行业规模以及进口关税的干扰。行业总规模（*IV*）系数显著为正，说明行业规模的扩大能够促进企业出口规模，这是由于行业规模越大，越能够有效促进出口产品规模；赫芬达尔指数（*HHI*）的估计系数显著为负，说明行业垄断并不利于企业的出口规模提升；最终品进口关税（*outputtariff*）系数显著为负，说明最终品关税的降低有利于促进企业出口规模，可能是由于最终品关税的降低有利于企业降低生产成本；中间品进口关税（*inputtariff*）系数显著为负，表明中间品

进口关税有利于生产率提升，例如，引进更为先进的生产机器，进而促进自身出口规模的提高。

表 4.3 第（4）列进一步引入其他政策改革的控制变量，以排除其他政策实施的干扰。国有企业改革（$reform$）和放松外资管制（$deregulation$）的估计系数显著为正，说明国有企业改革和放松外资管制等改革措施都有助于企业出口规模的提升。

与表 4.3 第（1）列相比，第（2）~（4）列中核心解释变量：交叉项 $TPU_{j01} \times Post02_t$ 估计系数的符号方向和显著性水平均未发生变化，反映出即使控制众多因素，研究结论依然保持较好的稳定性。由此，贸易政策不确定性下降对企业出口规模有着显著的积极作用。

4.2.3 稳健性检验

4.2.3.1 同趋势假设检验

双重差分法虽然能够较好地解决贸易政策冲击评估产生内生性问题，但采用双重差分法的重要前提为平行趋势假设，即假定处理组在未受到处理情况下的变化趋势与控制组相同。为此，本书将 $TPU_{j01} \times Post02_t$ 替换为 $TPU_{j01} \times year$，$year$ 如表 4.4 第（1）列所示是一个虚拟变量（即 $\sum_{t=2001}^{2007} TPU_{j01} \times year_t$）。$TPU_{j01} \times year_t$ 的系数在 2001 年之前不显著，但 2001 年之后的系数显著为正，表明实验组和对照组在 2001 年前的趋势相同。

表 4.4　　　　　　　　　　同趋势假设检验

变量	共同趋势 （1）
$TPU_{j01} \times year2001$	-0.0011 （-1.03）

续表

变量	共同趋势 （1）
$TPU_{j01} \times year2002$	0.0154 *** （3.11）
$TPU_{j01} \times year2003$	0.0078 *** （3.45）
$TPU_{j01} \times year2004$	0.0096 *** （6.56）
$TPU_{j01} \times year2005$	0.0143 *** （4.77）
$TPU_{j01} \times year2006$	0.0178 *** （4.68）
$TPU_{j01} \times year2007$	0.0178 *** （6.13）
常数项	8.176 *** （56.87）
控制变量	是
企业固定效应	是
时间固定效应	是
观测值（个）	265514
R^2	0.8569

注：括号中为对应系数的 t 值；*、**、*** 分别表示在 10%、5% 和 1% 水平上显著。控制变量包含企业规模（*scale*）、政府补贴（*sub*）、企业年龄（*age*）、资本密集度（*CI*）、最终品进口关税（*outputtariff*）、中间品进口关税（*inputtariff*）、行业总规模（*IV*）、赫芬达尔指数（*HHI*）、国有企业改革（*reform*）、放松外资管制（*deregulation*）。

4.2.3.2 预期效应

使用双重差分法估计贸易政策不确定性下降对企业出口规模的影响过程中，能够避免预期效应的干扰是重要前提，其原因在于若存在预期效应，那么 $TPU_{j01} \times Post02_t$ 可能并不是由政策实行引起的，换言之，双重差分法的结果是错误的，为了检验是否存在预期效应，我们在估计中进一步加入 $TPU_{j01} \times D01$ 项，$D01$ 为 2001 年即贸易政策冲击前一年的虚拟变量，如表4.5第（1）列

表 4.5　稳健性检验的计量结果

变量	预期效应 (1)	两期倍差法 (2)	控制企业×时间固定效应 (3)	排除非观测因素 (4)	$\ln EX_2$ (5)	TPU2 (6)	TPU3 (7)
$TPU_{j01} \times Post02_t$	0.0276*** (3.15)	0.3141*** (3.56)	0.0216*** (3.02)	0.0013 (0.11)	0.0101*** (3.11)	0.0145*** (2.98)	0.0087*** (2.76)
$TPU_{j01} \times D01$	0.0012 (0.78)						
scale	0.0091*** (26.38)	0.0091*** (26.32)	0.0250*** (4.62)	0.0062*** (8.53)	0.0084*** (23.61)	0.0066*** (5.80)	0.0091*** (26.38)
sub	0.0027*** (3.33)	0.0028*** (4.35)	0.0546** (2.40)	0.0214* (1.83)	0.0025*** (3.31)	0.0018*** (3.03)	0.0027*** (3.33)
age	0.0029*** (4.41)	0.0027*** (4.10)	0.0663*** (6.36)	0.0032** (2.47)	0.0041*** (5.89)	0.0035*** (3.81)	0.0029*** (4.41)
CI	0.0008** (2.13)	0.0007* (1.72)	0.0280*** (4.42)	0.0084*** (9.49)	0.0009** (2.00)	0.0049*** (3.26)	0.0008** (2.13)
IV	0.0833*** (12.63)	0.2802*** (21.15)	0.2737*** (21.09)	0.3510*** (38.00)	0.2330*** (16.99)	0.0061*** (11.35)	0.0080*** (14.72)
HHI	-0.0032*** (-5.54)	-0.0035*** (-3.83)	-0.0061*** (-3.41)	-0.0131*** (-5.30)	-0.0024** (-2.11)	-0.0441*** (-6.74)	-0.0229*** (-3.43)
outputtariff	-0.0244*** (-2.68)	-0.0662*** (-3.61)	-0.0617*** (-2.59)	-0.1214*** (-4.09)	-0.0251*** (-3.59)	-0.0225*** (-2.87)	-0.0292*** (-2.75)

续表

变量	预期效应 (1)	两期倍差法 (2)	控制企业× 时间固定效应 (3)	排除非观测因素 (4)	$\ln EX_2$ (5)	TPU2 (6)	TPU3 (7)
inputtariff	-0.8650*** (-7.11)	-1.1450*** (-7.08)	-1.6340*** (-9.43)	-1.6295*** (5.08)	-1.8728*** (-6.84)	-0.9432*** (-8.22)	-0.9040*** (-8.44)
reform	0.0051*** (2.62)	0.0285*** (9.05)	0.0124*** (6.87)	0.0243*** (12.73)	0.0188*** (5.00)	0.0076*** (5.50)	0.0069*** (5.01)
deregulation	0.7969*** (3.34)	0.0901*** (8.89)	1.0499*** (9.40)	0.0112*** (3.98)	0.6001*** (3.41)	0.0268*** (4.57)	0.0295*** (4.66)
常数项	9.1023*** (82.75)	9.9706*** (111.48)	10.1009*** (80.92)	8.9849*** (123.89)	14.5147*** (91.28)	9.4124*** (29.81)	6.1789*** (9.16)
企业固定效应	是	是	是	是	是	是	是
时间固定效应	是	是	是	是	是	是	是
观测值（个）	265514	92624	265514	265514	203543	265514	265514
R^2	0.8324	0.8807	0.8174	0.8313	0.8037	0.8640	0.8016

注：括号中为对应系数的 t 值；*、**、*** 分别表示在 10%、5% 和 1% 水平上显著。

所示，$TPU_{j01} \times D01$ 交叉项系数很小且不显著，说明预期效应不存在，同时我们还观察到表 4.5 第（1）列，本书关注的变量 $TPU_{j01} \times Post02_t$ 系数和显著性与基准结果表 4.3 第（4）列相比也没有发生实质性的改变。据此，我们排除了预期效应的存在。

4.2.3.3 两期差分法

到目前为止，本书采用多期差分法来评估贸易政策不确定性对出口规模的影响，然而伯特兰等（Bertrand et al.，2004）、周茂等（2016）指出使用多期双重差分法可能存在序列相关问题从而会夸大 $TPU_{j01} \times Post02_t$ 的系数。为此，本书采用两期差分法进行重新估计，表 4.5 第（2）列结果显示 $TPU_{j01} \times Post02_t$ 的系数依旧显著，表明贸易政策不确定下降对企业出口规模起到了显著的促进作用，这与本书采用多期差分法的评估结果相一致。

4.2.3.4 排除不受非观测因素影响

本书主要采取两种方法，尽可能减轻回归过程中可能受到的非观测因素的影响。虽然在基准回归中控制了企业固定效应（Firm FE）和时间固定效应（Time FE），避免遗漏那些来自不随时间和个体企业变化的变量，降低了可能引发的回归结果偏误问题，但仍然可能存在随着时间和企业特征变化的因素，仍会导致估计结果产生偏误，例如，企业内部产业发展政策动态调整也可能影响企业出口规模。为此，首先本书在表 4.5 第（3）列还加入了行业 × 时间的固定效应（$\delta_k \times t$），第（3）列结果显示本书的估计结果是稳健的。

其次，受到数据的限制，仍无法控制全部的非观测因素影响，本书还采用安慰剂检测方法间接检测遗漏的企业非观测特征（如企业出口策略变动）是否会影响估计结果。根据公式（4.2），$TPU_{j01} \times Post02_t$ 系数的估计值 $\hat{\beta}$ 的表达式如下：

$$\hat{\beta} = \beta + \gamma \frac{\mathrm{Cov}(TPU_{j01} \times Post02_t,\ \varepsilon_{jt} \mid u)}{\mathrm{Var}(TPU_{j01} \times Post02_t \mid u)} \tag{4.3}$$

其中，u 表示所有控制变量，当 $\gamma = 0$ 时，$\hat{\beta} = \beta$，表明 $\hat{\beta}$ 是无偏估计。但难点

在于并不能对 γ 直接检验是否为 0，只能采用间接的方法测度 γ 的值。对此如果能用某个变量替代 $TPU_{j01} \times Post02$，并且该变量在理论上对相应 $\ln EX$ 不会产生真实影响（即意味 t 值为 0），基于该前提，再对 $\hat{t}$ 进行估计，若 $\hat{t}$ 值同样为 0，则能反推出 $\gamma = 0$。根据该思路，借鉴周茂等（2016），本书让计算机模拟贸易政策冲击，再使这个随机贸易政策过程重复 1000 次（理论上随机冲击次数越多，越接近真实情况），由于我们的政策冲击是随机的，可以预计若 $TPU_{j01} \times Post02$ 结果接近于 0 且不显著，说明贸易政策不确定性的冲击结果并非由非观测因素所驱动，在一定程度上也说明本文结论的有效性。表 4.5 中模型（4）所示，$\hat{\beta}^{random}$ 的均值为 0.0013，图 4.3 模拟 1000 次以后的结果显示 $\hat{t}^{random}$ 的概率密度分布在 0 左右，这说明确实随机的贸易政策对出口规模 $\ln EX$ 并未产生实质性的影响。

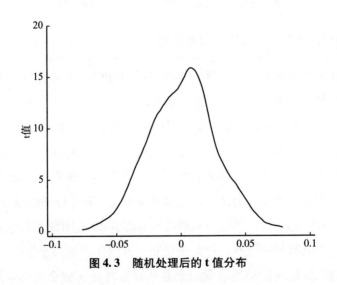

图 4.3　随机处理后的 t 值分布

4.2.3.5　变换核心变量指标

在企业出口规模衡量方面，采用企业出口产品数量刻画，估计结果列于表 4.5 第（5）列。由表 4.5 的第（5）列可知，贸易政策不确定性下降对企业出口规模起到了积极的促进作用。由此可见，本书的研究结论较为稳健，并未因企业出口规模的测度方法的不同而发生较大改变。

本章还改用另外两种方法刻画贸易政策不确定性：第一，借鉴毛其淋和许家云（2018）、皮尔斯和肖特（Pierce and Schott，2016），即 $TPU2_f = \tau_f^{col2} - \tau_f^{mfn}$①；第二，借鉴汉德利和利马奥（Handley and Limao，2017）、刘和马（Liu and Ma，2020），构建变量 $TPU3$ 来测度贸易政策不确定性，即 $TPU3_f = 1 - (\tau_f^{col2} / \tau_f^{mfn})^{-\sigma}$，相关估计结果见表 4.5 第（6）列和第（7）列②。该结果表明贸易政策不确定性下降显著提升了企业出口规模，并未因改用其他贸易政策不确定性的测度方法而影响本章研究结论。

4.2.4 异质性分析

为了把握贸易政策不确定性影响企业出口规模的异质性，本书将从贸易方式、所有制类型、技术水平等级等三个层面对样本进行区分，对公式（4.2）进行分样本回归，估计结果列于表 4.6。

4.2.4.1 贸易方式层面的异质性

将样本按照贸易方式划分为加工贸易企业（PTE）和一般贸易企业（OTE），估计结果列于表 4.6 的第（1）列和第（2）列。从估计结果来看，中美贸易政策不确定性（TPU）的交叉项都显著为正，表明无论加工贸易企业还是一般贸易企业，中美贸易政策不确定性下降都促进了其出口规模的提升。从中美贸易政策不确定性的平均效应来看，一般贸易企业为 0.0340，加工贸易企业为 0.4266，反映出相对于一般贸易型企业，贸易政策不确定性下

---

① 采用 HS6 位码产品的非正常贸易关系关税与最惠国关税的差值来衡量贸易政策不确定性（TPU2）。

② 相关结果已经进行贸易政策不确定性行业层面的加总。

表4.6　贸易政策不确定性对企业出口规模的异质性估计结果

变量	贸易方式		所有制类型			技术水平等级		
	一般贸易 (1)	加工贸易 (2)	国有企业 (3)	私营企业 (4)	外资企业 (5)	低技术 (6)	中等技术 (7)	高技术 (8)
$TPU_{j01} \times Post02_t$	0.0340*** (4.21)	0.4266*** (4.25)	0.2259*** (4.24)	0.0668*** (3.24)	0.1181*** (2.79)	0.1495*** (3.15)	0.0717*** (2.68)	0.0340*** (4.21)
scale	0.3302*** (62.31)	0.3564*** (43.71)	0.2735*** (14.48)	0.3308*** (77.44)	0.3402*** (38.91)	0.3475*** (76.36)	0.2571*** (21.18)	0.3302*** (62.31)
sub	0.5961*** (5.46)	0.8840*** (3.24)	2.9901** (2.65)	0.6386** (5.72)	2.6617** (3.74)	0.7309*** (5.84)	0.2397** (1.97)	0.5961*** (5.46)
age	0.0560*** (3.67)	0.1644*** (9.37)	0.0641** (2.08)	0.0717*** (8.85)	0.0930*** (5.63)	0.0947*** (10.83)	0.0159*** (2.74)	0.0560*** (3.67)
CI	0.1117*** (3.06)	0.0672*** (6.79)	0.1092*** (5.19)	0.0842*** (16.03)	0.0737*** (6.79)	0.1106*** (19.97)	0.0679*** (4.29)	0.1117*** (3.06)
IV	0.1113*** (13.03)	0.0721*** (6.86)	0.0309* (1.79)	0.0903*** (3.17)	0.0959*** (11.58)	0.2197*** (12.01)	0.0233* (1.79)	0.0008 (1.23)
HHI	-0.0025*** (-3.32)	-0.0054*** (-6.08)	-0.0109*** (-3.15)	-0.0028*** (-3.10)	-0.0031*** (-4.31)	-0.0140*** (-9.85)	-0.0018* (1.59)	-0.0049*** (-2.63)
outputtariff	-0.0204*** (-2.99)	-0.0257** (-2.49)	-0.0057* (-1.59)	-0.0216** (-2.56)	-0.0308*** (-3.01)	-0.0146** (-2.61)	-0.0216*** (-2.77)	-0.0316*** (-2.83)
inputtariff	-1.0291*** (-7.69)	-0.9172*** (-6.83)	-0.9401*** (9.81)	-0.7864*** (-6.14)	-0.6570*** (-5.20)	-0.5356*** (-4.62)	-0.8081*** (-5.69)	-0.9204*** (-6.54)

续表

变量	贸易方式		所有制类型			技术水平等级		
	一般贸易 (1)	加工贸易 (2)	国有企业 (3)	私营企业 (4)	外资企业 (5)	低技术 (6)	中等技术 (7)	高技术 (8)
reform	0.0043 *** (0.0043)	0.0150 *** (5.28)	0.0298 (0.72)	0.0233 ** (2.57)	0.0476 *** (7.09)	0.0326 *** (6.95)	0.0202 *** (5.72)	0.0120 *** (5.15)
deregulation	0.8738 *** (4.16)	0.3703 *** (7.66)	0.5015 *** (8.51)	1.0910 *** (8.95)	0.5058 *** (8.61)	1.0832 *** (7.55)	0.3521 *** (4.36)	0.0501 *** (2.93)
常数项	0.3488 *** (10.92)	0.5175 *** (13.09)	0.2991 *** (5.65)	0.3882 *** (10.62)	0.3114 *** (5.60)	0.4025 *** (16.77)	0.2824 *** (3.66)	0.3488 *** (10.92)
时间固定效应	是	是	是	是	是	是	是	是
企业固定效应	是	是	是	是	是	是	是	是
观测值（个）	225583	92617	9846	55774	241837	69078	72562	120674
R^2	0.8185	0.8687	0.8448	0.8089	0.8945	0.8395	0.8203	0.8712

注：括号中为对应系数的 t 值；*、**、*** 分别表示在 10%、5% 和 1% 水平上显著。

降对加工贸易型企业出口规模的促进效果更好。其可能的原因是相对于一般
贸易型企业，中国的加工贸易企业主要从事初加工和生产技术含量低的产品，
进入门槛较低，以至于大量的低生产率加工贸易企业集聚进入出口市场，进
而极大地促进了加工贸易企业的出口规模，因此加工贸易企业的出口规模对
贸易政策不确定性下降的敏感度要高于一般贸易企业。

4.2.4.2 所有制类型层面的异质性

借鉴瓜里格里亚等（Guariglia et al.，2011），按照各类资本占实收资本
的比例确定国有企业（*SOE*）、私营企业（*POE*）和外资企业（*FOE*），估计
结果列于表 4.6 的第（3）~（5）列。估计结果显示，贸易政策不确定性
（*TPU*）的交叉项系数显著为正，表明贸易政策不确定下降对企业出口规模的
影响并未因所有制的变化而变化。从贸易政策不确定性的平均效应看，国有
企业为 0.2259，外资企业为 0.1181，私营企业为 0.0668，表明贸易政策不确
定性下降对私营企业出口规模的提升最小，外资企业次之，国有企业最大。
一般来说，国有企业容易获取垄断利润，存在体制上的优势，能够较为容易
的排除出口成本的阻碍，顺利地进入出口市场，因此，贸易政策不确定性下
降对国有企业出口规模的促进作用更大。

4.2.4.3 技术水平等级层面的异质性

借鉴李力行和申广军（2015），根据低技术行业（*LTI*）、中等技术行业
（*MTI*）以及高技术行业（*HTI*），将行业按照出口规模划分为三个样本[①]，估
计结果列于表 4.6 的第（6）~（8）列。其中，贸易政策不确定性（*TPU*）的
交叉项系数显著为正，说明贸易政策不确定性下降对这些行业的出口规模都
具有促进作用。从贸易政策不确定性的平均效应来看，低技术行业为

---

① 根据国民经济行业划分标准（GB-T 4754—2002），低技术行业为：纺织业，木料加工及藤、
棕、草制品业，石油加工、炼焦及核燃料加工业，饮料制造业，烟草制品业，纺织服装、鞋、帽制造
业；高技术行业为：专用设备制造业，仪器仪表及文化办公用机械制造业，医药制造业，造纸及纸制
品业，通信设备、计算机及其他电子设备制造业；其他行业为中等技术行业。

0.1495，中等技术行业为 0.0717，高技术行业为 0.0340，说明贸易政策不确定性下降对低技术行业影响最大，中等技术行业次之，高技术行业最小。这是因为低技术行业进入出口市场门槛较低，有利于低技术行业企业扩大出口规模。

4.2.5 推动企业出口规模提升的机制及检验

上文的理论分析表明，在贸易政策不确定性与企业出口产品质量的关系中，固定成本发挥一定的传导作用。

为了考察贸易政策不确定性是否通过直接效应和出口固定成本产生的间接效应影响企业出口产品质量，本书将选取固定成本（*FEC*）作为中介变量，通过构建中介效应模型加以验证。

4.2.5.1 指标度量和测度方法

出口固定成本（*FEC*）。借鉴邱斌和闫志俊（2015），通过计算基于"产业－地区－年份"固定效应回归系数来测度 *FEC*，建立回归方程如下：

$$\ln EX\_expense_{it} = \beta_1 \ln EX\_value_{it} + \beta_2 \ln(1 + EX\_value_{it} \times Tariff_{it})$$
$$+ \sum_t \delta_t \, year_t + \sum_j \lambda_j reg_j + \sum_i \xi_i ind_i + \varepsilon_{it} \qquad (4.4)$$

其中，*EX_expense* 表示出口成本，*EX_value* 表示出口量，$Tariff_{it}$ 为出口关税，$EX\_value_{it} \times Tariff_{it}$ 控制可变成本，*year*、*reg* 以及 *ind* 分别为年份、地区和行业虚拟变量。本书通过公式（4.4）可以得到 δ_t、λ_j 和 ξ_i 的系数，出口固定成本等于三个系数相加：$f_{irt} = \hat{\delta}_t + \hat{\lambda}_j + \hat{\xi}_i$。为简化出口固定成本，将其转换为位于［0，9］区间的数字，转换公式如下：

$$FEC = \frac{f_{irt} - \min f_{irt}}{\max f_{irt} - \min f_{irt}} \qquad (4.5)$$

4.2.5.2 模型设定

本书对注意力配置通过企业创新效率和企业信息搜索成本这两个中介变

量影响企业出口产品技术含量的作用机制进行检验，中介效应模型设定如下：

$$Channel_{ijt} = \beta_1 TPU_{j01} \times Post02_t + \sum_\gamma X_{ijt} + \delta_i + \delta_j + \delta_t + \varepsilon_{ijt} \quad (4.6)$$

$$\ln EX_{ijt} = \beta_1 TPU_{j01} \times Post02_t + \beta_2 TPU_{j01} \times Post02_t \times Channel_{ijt}$$
$$+ \beta_3 Post02_t \times Channel_{ijt} + \beta_4 TPU_{j01} \times Channel_{ijt}$$
$$+ \beta_5 Channel_{ijt} + \sum_\gamma X_{ijt} + \delta_i + \delta_j + \delta_t + \varepsilon_{ijt} \quad (4.7)$$

其中，$Channel_{ijt}$ 为中介变量，控制变量 X_{ijt} 与公式（4.2）相同，这里不做赘述。

表 4.7 第（1）列交叉项 $TPU \times Post02$ 显著为正，表明中国加入 WTO 之后，初始高贸易政策不确定性的企业出口规模相比于低贸易政策不确定性的企业出口固定成本经历了更大幅度的下降，即贸易政策不确定性下降显著的降低了企业出口固定成本。第（2）列中三重交叉项 $TPU \times Post02 \times FEC$ 显著为正，表明贸易政策不确定性通过降低企业出口固定成本促进了出口规模。我们还注意到，与表 4.3 第（4）列的基准回归结果相比，在加入企业出口固定成本变量之后，$TPU \times Post02$ 的估计系数和 t 值均有所下降，可见企业出口固定成本确实是贸易政策不确定性促进企业出口规模的一个重要中介。

表 4.7 贸易政策不确定性影响企业出口规模的中介效应检验结果

变量	出口成本 FEC （1）	lnEX （2）
$TPU \times Post02$	−0.3217 *** （−58.04）	0.0051 *** （2.89）
$TPU \times Post02 \times Channel$		−0.0039 *** （−4.61）
$TPU \times Channel$		0.0002 ** （2.55）
$Post02 \times Channel$		0.0043 *** （8.08）
$Channel$		−0.0002 ** （−2.38）

续表

变量	出口成本 *FEC* （1）	ln*EX* （2）
scale	0.0124 * （1.69）	0.0108 *** （18.27）
sub	−0.0005 *** （−0.06）	0.0025 （1.32）
age	0.0078 （0.61）	0.0081 *** （7.98）
CI	0.0018 （0.19）	0.0070 *** （16.38）
finance	0.0254 （0.38）	−0.0652 *** （−11.65）
SOE	−0.0781 （−1.23）	0.0488 *** （9.52）
FOE	−0.0383 * （−1.73）	−0.0018 （−1.01）
IV	0.0096 *** （2.47）	0.0014 *** （4.56）
HHI	−0.0929 *** （−0.39）	−0.1007 *** （−5.00）
常数项	0.0962 *** （110.85）	9.6157 *** （994.54）
企业固定效应	是	是
时间固定效应	是	是
观测值（个）	955370	955370
R^2	0.6067	0.8424

注：括号中为对应系数的 t 值；* 、** 、*** 分别表示在 10% 、5% 和 1% 水平上显著。

4.3 本章小结

首先，对被解释变量出口规模、解释变量贸易政策不确定性以及控制变量进行描述性统计，发现贸易政策不确定性下降和中国出口规模具有明显的时间变化特点，即 2001 年中国加入 WTO 后，贸易政策不确定性的下降导致中国出口规模急剧扩张。其次，选取贸易政策不确定性指数、中国海关数据库、2000~2007 年中国工业企业数据库，构建计量经济模型考察贸易政策不确定性对企业出口规模的影响，实证检验显示，贸易政策不确定性下降显著促进了企业出口规模的扩张，在一定程度上验证了理论模型的预测，这一结果在一系列的稳健性检验后，例如，识别假设检验、更换贸易政策不确定性和企业出口规模的测度方法后依然成立。再其次，考察了贸易政策不确定性影响企业出口规模的异质性，基于异质性企业的检验结果显示：贸易政策不确定性的下降有利于加工贸易企业、国有性质企业以及低技术行业企业的出口规模的扩张。最后，从出口固定成本角度考察了贸易政策不确定性下降对企业出口规模的影响，结果显示，贸易政策不确定性的下降有利于出口固定成本的降低，进而促进了企业出口规模的扩张。

第 5 章
贸易政策不确定性影响企业
出口结构升级的实证检验

　　首先，对贸易政策不确定性、企业出口技术复杂度以及可能影响企业出口技术复杂度的控制变量进行描述性统计分析，揭示了不同行业间贸易政策不确定性的企业出口技术复杂度的分布特点。接下来，基于第 3 章关于贸易政策不确定性与企业出口技术复杂度的理论分析和理论模型，本章选取 2000 ~ 2007 年中国海关数据库和中国工业企业数据，构建计量经济模型检验贸易政策不确定性对企业出口技术复杂度的影响，旨在验证相关理论模型的预测性和解释力。为了保证研究结论的可靠性与稳健性，通过识别假设检验、稳健性检验，具体包括同趋势假设检验、预期效应检验、添加产业趋势项以及更换主要变量以尽可能减少研究过程中可能产生的内生性问题，进一步地，引入企业异质性分样本检验和中介效应检验，以便深入考察贸易政策不确定性的异质性影响，以及贸易政策不确定性究竟如何对企业出口技术复杂度产生影响。

5.1 研究设计

5.1.1 数据来源与处理

为了研究贸易政策不确定性与企业出口技术复杂度之间的关系，本书主要使用微观企业数据和关税数据，样本期为 2000～2007 年，仅保留中国向美国出口产品的制造业企业。

第一，基于 2000～2007 年的中国工业企业数据库，并且参照勃兰特 (Brandt et al.，2012)、聂辉华等 (2012) 以及陆和虞 (Lu and Yu，2015)，删除数据库中中间品投入、总资产、员工数等异常数据。

第二，基于 2000～2007 年的中国海关数据库，参考施炳展 (2013)，删除数据库的异常数据，包括：一是，企业名称、出口目的国以及产品名称缺失的样本；二是，交易异常的样本，规模低于 50 美元以及单位数量小于 1。参考虞 (Yu，2015)，将工业企业数据库与中国海关数据库合并，利用合并后的数据库以及 CEPII 数据库计算企业层面的出口技术复杂度，删除缺失的样本，最终获得 319200 个有效观测值[①]。

第三，基于 WTO 网站子项目"Tarriff Downlad Facility"中国进口关税数据，以及芬斯特拉 (Feenstra，2002) 整理的美国 HS6 位层面的斯姆特－霍利关税，将所有涉及的数据都经过 HS6 位码转换成 HS96 标准。

---

① 此外我们还将中国海关数据库中的企业名称中包含"进出口""经贸""贸易""科贸""外经"等字样的企业归属为贸易中间商的样本删除。由于贸易中间商与其他制造业企业在进出口动机、生产行为等方面存在显著差异，为了得到准确的研究结论，我们进一步删除了贸易中间商样本。

5.1.2 变量定义

5.1.2.1 被解释变量

企业出口技术复杂度（$Soph_{it}$）。借鉴周茂等（2018）的方法，步骤如下：

第一，计算各类出口产品的技术复杂度。

$$Prody_f = \sum_c \frac{(Export_{cf}/Export_c) \times Y_c}{\sum_c (Export_{cf}/Export_c)} \tag{5.1}$$

其中，$Prody_f$ 表示 HS6 位产品 f 的技术复杂度，$Export_{cf}/Export_c$ 表示 c 国家对产品 f 的出口额占该国出口总额的比重，Y_c 表示 c 国家的人均 GDP[①]。

第二，构造企业层面的出口技术复杂度。

$$Soph_{it} = \frac{\sum_f Output_{ift} \times Prody_{f99}}{\sum_f Output_{ift}} \tag{5.2}$$

其中，$Prody_{f99}$ 表示 1999 年出口产品 f 的技术复杂度[②]，$Output_{ift}$ 表示 i 企业 t 年 f 产品的出口额，其与该企业出口总额的比重表示该企业内部细分产品的出口结构。

5.1.2.2 核心解释变量

中美贸易政策不确定性（TPU），借鉴毛其淋和许家云（2018），首先计算产品层面的贸易政策不确定性，测算公式如下：

---

① 这样做的目的是为了测度产品层面的出口技术复杂度，即人均 GDP 越高的国家，其产品技术含量越高。

② 将出口产品的技术复杂度设置在样本期的前一年，主要是为了刻画出口产品技术复杂度变化源于制造业企业内部产业结构变化，而非所含出口产品技术复杂度在世界层面的变化（即主要避免每年世界各国 GDP 变化，进而导致产品技术层面变动的影响）。

$$TPU_f = \ln\left(\frac{\tau_f^{col2}}{\tau_f^{mfn}}\right) \tag{5.3}$$

其中，τ_f^{col2} 为 2001 年美国对非正常贸易国施加的产品 f 关税水平，即斯姆特 – 霍利关税；τ_f^{mfn} 为 2001 年美国对产品 f 征收的最惠国关税（MFN Tariff）的关税①。

5.1.2.3 控制变量

这里的控制变量与第 4 章相同，包括企业规模（scale）、政府补贴（sub）、企业年龄（age）、资本密集度（CI）、最终品进口关税（outputtariff）、中间品进口关税（inputtariff）、行业总规模（IV）、赫芬达尔指数（HHI）、国有企业改革（reform）、放松外资管制（deregulation），其余变量定义如表 5.1 所示。具体的计算方法这里不做赘述。

表 5.1 变量定义

变量类型	变量符号	变量名称	变量测度方法
被解释变量	lnSoph1	企业出口技术复杂度	首先利用 CEPII 数据库中，中国与世界各国的出口产品，计算出产品层面出口技术复杂度，然后利用中国海关数据库企业层面的出口数据，计算出企业层面的出口技术复杂度。此外，本书主要聚焦于出口结构的升级，因此将出口产品的技术复杂度设置在样本期（2000~2007 年）的前一年（1999 年），主要是为了刻画出口产品技术复杂度变化源于企业内部产业结构变化，而非所含出口产品技术复杂度在世界层面的变化（即主要避免每年世界各国 GDP 变化，进而导致产品技术层面变动的影响）

① 需要说明的是，上述测算得到的均是 HS6 位码层面的贸易政策不确定性指数。为了研究的需要，本书进一步将它们加总到工业行业分类 4 位码层面。具体步骤如下：首先将 HS6 位码产品对应到中国工业行业分类 4 位码层面（CIC4 位码），然后对每个行业内产品层面的 TPU 指数进行简单平均，即可得到行业层面的贸易政策不确定性指标。

变量类型	变量符号	变量名称	变量测度方法
被解释变量	lnSoph2	企业出口技术复杂度	借鉴徐（Xu，2007），引入质量指标对企业出口技术复杂度进行重新测度（Soph2），即 $QProd y_f = q_f^\lambda \times Prod y_f$，其中 q_f 为出口产品质量，$q_f = \dfrac{UV_P}{\overline{UV_P}}$，$UV_P$ 为企业出口该产品的单位价格，$\overline{UV_P}$ 为该产品出口的平均单位价格，λ 设置为 0. 2。$Soph2_{it} = \dfrac{\sum\limits_f X_{ift} \times QProd y_{f99}}{\sum\limits_f X_{ift}}$，其中 X_{ift} 表示 i 企业 t 年 f 产品的出口额

注：被解释变量和控制变量的测度方法与第 4 章相同，这里不再赘述。

5.1.3　计量模型设定

为实证考察贸易政策不确定性对中国企业出口技术复杂度的影响，借鉴毛其淋（2020），构建计量模型如下：

$$\ln Soph_{ijt} = \alpha_0 + \beta_1 TPU_{j01} \times Post02_t + \sum_\gamma X_{ijt} + \lambda_t + u_i + \varepsilon_{ijt} \quad (5.4)$$

其中，下标 i、j、t 分别代表企业、行业和年份；$Soph_{ijt}$ 为被解释变量，表示企业 i 在 t 期出口技术复杂度；TPU_{j01} 为 2001 年行业层面的关税差额，表征中国加入 WTO 之前面临的贸易政策不确定性程度。$Post02_t$ 为政策实施虚拟变量，若 $t \geq 2002$，则该虚拟变量取 1，否则取 0。交叉项 $TPU_{j01} \times Post02_t$ 为本章最为关注的，β_1 衡量了高关税差额（高 TPU）行业与低关税差额（低 TPU）行业中企业出口技术复杂度在中国加入 WTO 前后的平均差异。若 $\beta_1 > 0$，说明贸易政策不确定性下降对企业出口技术复杂度产生正向影响；若 $\beta_1 < 0$，说明贸易政策不确定性下降不利于企业出口技术复杂度的提升；若 $\beta_1 = 0$，则贸易政策不确定性下降影响不明显。X_{ijt} 为可能影响企业出口技术复杂度的控制变量的集合，包括企业规模（scale）、政府补贴（sub）、企业年龄（age）、资本密集度（CI）、最终品进口关税（outputtariff）、中间品进口关税（inputtariff）、行业总规模（IV）、赫芬达尔指数（HHI）、国有企业改革

（reform）、放松外资管制（deregulation）；λ_t 和 u_i 分别表示时间固定效应和企业固定效应；ε_{ijt} 为扰动项。

5.2 结果分析

5.2.1 描述性统计

5.2.1.1 各变量的统计特征

表 5.2 呈现了各变量，包含被解释变量（lnSoph）、解释变量（TPU）以及控制变量的统计特征。首先来看企业出口技术复杂度，标准差为 0.043，说明样本内企业的出口技术复杂度值的分布较为集中，从贸易政策不确定性（TPU）来看，其分布特征以及均值与本书第 4 章类似。从控制变量看，企业规模（scale）、政府补贴（sub）、企业年龄（age）、资本密集度（CI）、最终品进口关税（outputtariff）、中间品进口关税（inputtariff）、行业总规模（IV）、赫芬达尔指数（HHI）、国有企业改革（reform）、放松外资管制（deregulation）的分布特征与均值也类似于第 4 章，未见有异常值存在，这里不做赘述。

表 5.2 　　　　　　　　　　　变量的描述性统计

变量	观测值（个）	均值	标准差	最小值	最大值
lnSoph	319200	9.42	0.043	6.90	10.40
TPU	319200	2.37	0.41	0.98	3.54
scale	286263	5.63	1.13	0.00	12.53
sub	319200	0.47	0.49	0.00	1.00
age	317608	2.16	0.64	0.00	5.13

变量	观测值（个）	均值	标准差	最小值	最大值
CI	269671	3.65	1.41	−6.80	12.94
IV	249860	15.80	1.99	5.01	20.42
HHI	319200	0.06	0.09	0.00	1.00
inputtariff	319200	0.21	0.13	0.02	0.41
outputtariff	319200	0.15	0.11	0.00	0.78
reform	241799	0.47	0.46	−0.22	21.33
deregulation	319200	9.29	0.27	8.49	9.70

5.2.1.2　企业出口技术复杂度走势分析

如图 5.1 所示，在 2000～2001 年中国加入 WTO 之前，实验组和对照组的出口技术复杂度变动整体保持一致，而 2002～2007 年中国加入 WTO 之后实验组（低贸易政策不确定性的企业）的出口技术复杂度提升程度快于对照组（高贸易政策不确定性的企业），并且两者之间的差距逐步拉大。具体而言，加入 WTO 后，对照组（高贸易政策不确定性的企业）的出口技术复杂度有小幅度的下降趋势，但总体上仍然保持平稳，反观实验组（低贸易政策不确定性的企业）出口技术复杂度却呈现明显提升。这表明中国加入 WTO 政策实施后，遭受政策冲击的实验组的出口技术复杂度要比未遭受政策冲击的对照组的出口技术复杂度平均增长得多，因而中国加入 WTO 后贸易政策不确定性下降对企业的出口技术复杂度存在正向影响。这在一定程度上也可以表明企业出口技术复杂度的提升并不是由贸易政策不确定性下降以外的其他因素导致的，即满足同趋势假定，这是使用双重差分法最为关键的前提假定之一（毛其淋，2020；周茂等，2018）。

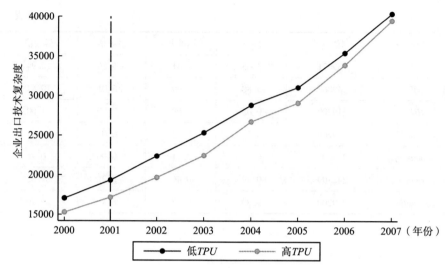

图 5.1　2001 年中国加入 WTO 前后企业的出口技术复杂度变化情况

5.2.2　基准回归结果

表 5.3 报告了贸易政策不确定性与企业出口技术复杂度的基准回归结果。表 5.3 第（1）列仅考虑核心解释变量，可见贸易政策不确定性（TPU）的估计系数为 0.1347，且在 1% 的水平上显著为正，表明贸易政策不确定性下降有助于提升企业出口技术复杂度。

表 5.3　　　贸易政策不确定性与企业出口技术复杂度的基准估计结果

变量	（1）	（2）	（3）	（4）
$TPU_{j01} \times Post02_t$	0.1347 *** （3.15）	0.2025 *** （3.42）	0.2157 *** （3.67）	0.2602 *** （3.79）
scale		0.0076 *** （10.44）	0.0089 *** （11.23）	0.0093 *** （11.33）
sub		−0.0031 *** （−2.89）	−0.0033 *** （−2.92）	−0.0041 *** （−3.11）

续表

变量	（1）	（2）	（3）	（4）
age		−0.0010 *** （−3.90）	−0.0015 *** （−3.44）	−0.0030 *** （−3.36）
CI		0.0182 *** （35.75）	0.0205 *** （36.67）	0.0227 *** （37.90）
IV			0.0882 *** （5.30）	0.0889 *** （5.78）
HHI			−0.0230 *** （−3.14）	−0.0247 *** （−3.61）
outputtariff			−0.0253 *** （−2.89）	−0.0250 *** （−2.88）
inputtariff			−0.8996 *** （−7.02）	−0.9274 *** （−7.12）
reform				0.0067 *** （3.39）
deregulation				0.6275 *** （2.79）
常数项	9.3935 *** （190.86）	9.2886 *** （99.69）	9.3449 *** （91.29）	9.6683 *** （76.60）
企业固定效应	是	是	是	是
时间固定效应	是	是	是	是
观测值（个）	319200	269308	265514	265514
R^2	0.2462	0.2845	0.3308	0.3346

注：括号中为对应系数的 t 值；*、**、*** 分别表示在 10%、5% 和 1% 水平上显著。

表 5.3 第（2）列加入了企业层面的控制变量。企业规模（*scale*）的估计系数显著为正，表明企业规模越大，其出口技术复杂度越高，可能是因为规模越大的企业，越有能力整合资源加大研发创新，提升出口产品技术复杂度；政府补贴（*sub*）的估计系数显著为负，说明政府补贴并未有效促进企业的出口技术复杂度提升，这可能是因为政府补贴使得企业在获得补贴后选择

产能扩展而非研发创新，反而削弱了企业的内在创新激励，此时补贴产生的负面效应抑制企业的出口技术复杂度提升（陈昭和刘映曼，2019）；企业年龄（*age*）的估计系数为负，说明企业经营时间越长，越不利于提升企业出口技术复杂度，可能是解释企业经营时间越长，其组织架构复杂度提升，企业经营成本上升，反而不利于出口技术复杂度提升；资本密集度（*CI*）的估计系数显著为正，说明资本密集度会促进技术复杂度的增加，这是因为资本密集型企业往往在研发创新过程中受到较小的财务约束，能够拥有更多的资金来改善出口产品结构。

表5.3第（3）列纳入行业层面的控制变量，以排除行业规模以及进口关税的干扰。行业总规模（*IV*）系数显著为正，说明行业规模的扩大能够促进企业出口技术复杂度，这是由于行业规模越大，越能够有效促进企业间技术交流，有利于出口产品技术复杂度；赫芬达尔指数（*HHI*）的估计系数显著为负，说明行业垄断并不利于企业的出口技术复杂度提升；最终品进口关税（*outputtariff*）系数显著为负，说明最终品关税的降低有利于促进企业出口技术复杂度，可能是由于最终品关税的降低有利于企业降低生产成本，提高研发投入；中间品进口关税（*inputtariff*）系数显著为负，表明中间品进口关税有利于出口技术复杂度的提升，可能的解释是关税的降低使得企业可以进口更多的中间品，进而促进自身出口技术复杂度的提高。

表5.3第（4）列进一步引入其他政策改革的控制变量，以排除其他政策实施的干扰。国有企业改革（*reform*）和放松外资管制（*deregulation*）的估计系数显著为正，说明国有企业改革和放松外资管制都有助于企业出口技术复杂度的提升。

与表5.3第（1）列相比，第（2）～（4）列中核心解释变量：交叉项 $TPU_{j01} \times Post02_t$ 的估计系数的符号方向和显著性水平均未发生变化，反映出即使控制众多因素，研究结论依然保持较好的稳定性。由此，贸易政策不确定性下降对企业出口技术复杂度有着显著的促进作用。

5.2.3 稳健性检验

5.2.3.1 同趋势假设检验

双重差分法虽然能够较好地解决贸易政策冲击评估产生内生性问题，但采用双重差分法的重要前提为平行趋势假设，即假定处理组在未受到处理情况下的变化趋势与控制组相同。为此，本书将 $TPU_{j01} \times Post02_t$ 替换为 $TPU_{j01} \times year$，$year$ 如表5.4第（1）列所示是一个虚拟变量（即 $\sum\limits_{t=2001}^{2007} TPU_{j01} \times year_t$）。$TPU_{j01} \times year_t$ 的系数在 2001 年之前不显著，但 2001 年之后的系数显著为正，表明实验组和对照组在 2001 年前的趋势相同。

表 5.4　　　　　　　　　　　同趋势假设检验

变量	共同趋势 （1）
$TPU_{j01} \times year2001$	-0.0182 （-1.03）
$TPU_{j01} \times year2002$	0.0171^{***} （3.32）
$TPU_{j01} \times year2003$	0.0078^{***} （3.45）
$TPU_{j01} \times year2004$	0.0114^{***} （3.78）
$TPU_{j01} \times year2005$	0.0071^{***} （4.66）
$TPU_{j01} \times year2006$	0.0043^{***} （3.93）
$TPU_{j01} \times year2007$	0.0115^{***} （2.71）

续表

变量	共同趋势 （1）
常数项	9. 174 *** （34. 32）
控制变量	是
企业固定效应	是
时间固定效应	是
观测值（个）	265514
R^2	0. 8223

注：括号中为对应系数的 t 值；* 、** 、*** 分别表示在 10% 、5% 和 1% 水平上显著。控制变量包含企业规模（*scale*）、政府补贴（*sub*）、企业年龄（*age*）、资本密集度（*CI*）、最终品进口关税（*outputtariff*）、中间品进口关税（*inputtariff*）、行业总规模（*IV*）、赫芬达尔指数（*HHI*）、国有企业改革（*reform*）、放松外资管制（*deregulation*）。

5. 2. 3. 2　预期效应

使用双重差分法估计贸易政策不确定性下降对企业出口规模的影响过程中，能够避免预期效应的干扰是重要前提，其原因在于若存在预期效应，那么 $TPU_{j01} \times Post02_t$ 可能并不是由政策实行引起的，换言之，双重差分法的结果是错误的，为了检验是否存在预期效应，我们在估计中进一步加入 $TPU_{j01} \times D01$ 项，$D01$ 为 2001 年即贸易政策冲击前一年的虚拟变量，如表 5.5 第（1）列所示，$TPU_{j01} \times D01$ 交叉项系数很小且不显著，说明预期效应不存在，同时我们还观察到表 5.5 第（1）列，本书关注的变量 $TPU_{j01} \times Post02_t$ 系数和显著性与基准结果表 5.3 第（4）列相比也没有发生实质性的改变。据此，我们排除了预期效应的存在。

表 5.5　稳健性检验的计量结果

变量	预期效应 (1)	两期差分法 (2)	控制企业 × 时间固定效应 (3)	排除非观测因素 (4)	$Soph_2$ (5)	TPU2 (6)	TPU3 (7)
$TPU_{j01} \times Post02_t$	0.2629 *** (3.23)	0.3309 *** (5.41)	0.4661 *** (5.67)	0.0016 (0.48)	0.3983 *** (3.62)	0.2445 *** (4.26)	3.1507 *** (3.05)
$TPU_{j01} \times D01$	0.1212 (1.49)						
scale	0.0096 *** (11.53)	0.0044 *** (3.27)	0.0018 ** (2.36)	0.0013 * (1.60)	0.0215 *** (13.69)	0.0083 *** (11.16)	0.0094 *** (12.94)
sub	-0.0034 *** (-3.27)	-0.0183 *** (-3.27)	-0.0203 *** (-3.83)	-0.0530 *** (-7.94)	-0.0109 *** (-3.93)	-0.0027 *** (-3.54)	-0.0025 ** (-2.33)
age	-0.0069 *** (-3.56)	-0.0126 *** (-5.94)	-0.0108 *** (-3.53)	-0.0172 *** (-2.97)	-0.0084 *** (-3.54)	-0.0021 *** (-3.81)	-0.0013 *** (-3.22)
CI	0.0218 *** (36.85)	0.0522 *** (33.47)	0.0504 *** (34.44)	0.0539 *** (36.42)	0.0407 *** (36.04)	0.0163 *** (31.51)	0.0177 *** (34.57)
IV	0.0833 *** (12.63)	0.2802 *** (21.15)	0.2737 *** (21.09)	0.3510 *** (38.00)	0.2330 *** (16.99)	0.0061 *** (11.35)	0.0080 *** (14.72)
HHI	-0.0032 *** (-5.54)	-0.0035 *** (-3.83)	-0.0061 *** (-3.41)	-0.0131 *** (-5.30)	-0.0024 ** (-2.11)	-0.0441 *** (-6.74)	-0.0229 *** (-3.43)
outputtariff	-0.0244 *** (-2.68)	-0.0662 *** (-3.61)	-0.0617 ** (-2.59)	-0.1214 *** (-4.09)	-0.0251 *** (-3.59)	-0.0225 *** (-2.87)	-0.0292 *** (-2.75)

续表

变量	预期效应 (1)	两期差分法 (2)	控制企业×时间固定效应 (3)	排除非观测因素 (4)	$Soph_2$ (5)	TPU2 (6)	TPU3 (7)
inputtariff	-0.8650*** (-7.11)	-1.1450*** (-7.08)	-1.6340*** (-9.43)	-1.6295*** (5.08)	-1.8728*** (-6.84)	-0.9432*** (-8.22)	-0.9040*** (-8.44)
reform	0.0051*** (2.62)	0.0285*** (9.05)	0.0124*** (6.87)	0.0243*** (12.73)	0.0188*** (5.00)	0.0076*** (5.50)	0.0069*** (5.01)
deregulation	0.7969*** (3.34)	0.0901*** (8.89)	1.0499*** (9.40)	0.0112*** (3.98)	0.6001*** (3.41)	0.0268*** (4.57)	0.0295*** (4.66)
常数项	9.1023*** (82.75)	9.9706*** (111.48)	10.1009*** (80.92)	8.9849*** (123.89)	14.5147*** (91.28)	9.4124*** (29.81)	6.1789*** (9.16)
企业固定效应	是	是	是	是	是	是	是
时间固定效应	是	是	是	是	是	是	是
观测值（个）	265514	92624	265514	265514	203543	265514	265514
R^2	0.3324	0.2807	0.3174	0.2313	0.3037	0.2640	0.3016

注：括号中为对应系数的 t 值；*、**、*** 分别表示在 10%、5% 和 1% 水平上显著。

5.2.3.3　两期差分法

到目前为止，本书采用多期差分法来评估贸易政策不确定性对出口规模的影响，然而伯特兰等（Bertrand et al.，2004）、周茂等（2016）指出使用多期双重差分法可能存在序列相关问题从而会夸大 $TPU_{j01} \times Post02_t$ 的系数。为此，本书采用两期差分法进行重新估计，表5.5第（2）列结果显示 $TPU_{j01} \times Post02_t$ 的系数依旧显著，表明贸易政策不确定下降对企业出口结构升级起到了显著的促进作用，这与本书采用多期差分法的评估结果相一致。

5.2.3.4　排除不受非观测因素影响

本书主要采取两种方法，尽可能减轻回归过程中可能受到的非观测因素的影响。虽然在基准回归中控制了企业固定效应（Firm FE）和时间固定效应（Time FE），避免遗漏那些来自不随时间和个体企业变化的变量，降低了可能引发的回归结果偏误问题，但仍然可能存在随着时间和企业特征变化的因素，仍会导致估计结果产生偏误，如企业内部产业发展政策动态调整也可能影响企业出口结构升级。为此，首先本书在表5.5第（3）列还加入了行业×时间的固定效应（$\delta_k \times t$），第（3）列结果显示本书的估计结果是稳健的。

其次，受到数据的限制，仍无法控制全部的非观测因素影响，本书还采用安慰剂检测方法间接检测遗漏的企业非观测特征（如企业出口战略变动）是否会影响估计结果。根据公式（5.5），$TPU_{j01} \times Post02_t$ 系数的估计值 $\hat{\beta}$ 的表达式如下：

$$\hat{\beta} = \beta + \gamma \frac{\mathrm{Cov}(TPU_{j01} \times Post02_t,\ \varepsilon_{jt} \mid u)}{\mathrm{Var}(TPU_{j01} \times Post02_t \mid u)} \tag{5.5}$$

其中，u 表示所有控制变量，当 $\gamma = 0$ 时，$\hat{\beta} = \beta$，表明 $\hat{\beta}$ 是无偏估计。但难点在于并不能对 γ 直接检验是否为 0，只能采用间接的方法测度 γ 的值。对此如果能用某个变量替代 $TPU_{j01} \times Post02$，并且该变量在理论上对相应 $\ln Soph$ 不会产生真实影响（即意味 t 值为 0），基于该前提，再对 $\hat{t}$ 进行估计，若 $\hat{t}$ 值同样为 0，则能反推出 $\gamma = 0$。根据该思路，借鉴周茂等（2016），本书让计算机模拟贸易政策冲击，再使这个随机贸易政策过程重复 1000 次（理论上随机冲击次数越多，越接近真实情况），由于我们的政策冲击是随机的，可以预计若 $TPU_{j01} \times Post02$ 结果接近于 0 且不显著，说明贸易政策不确定性的冲击结果并非由非观测因素所驱动，在一定程度上也说明本书结论的有效性。表 5.5 第（4）列所示，$\hat{\beta}^{random}$ 的均值为 0.0016，图 5.2 模拟 1000 次以后的结果显示 $\hat{t}^{random}$ 的概率密度分布在 0 左右，这说明确实随机的贸易政策对出口规模 ln$Soph$ 并未产生实质性的影响。

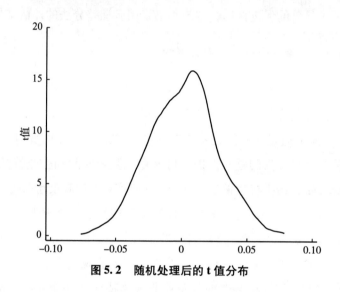

图 5.2　随机处理后的 t 值分布

5.2.3.5　变换核心变量指标

在企业出口技术复杂度衡量方面，借鉴徐（Xu，2007），引入质量指标对企业出口技术复杂度进行重新测度（$Soph2$），即 $Qprody_f = q_f^\lambda \times Prody_f$，其中 q_f 为出口产品质量，$q_f = UV_P / \overline{UV_P}$，$UV_P$ 为企业出口该产品的单位价格，$\overline{UV_P}$ 为该产品出口的平均单位价格，λ 设置为 0.2。$Soph2_{it} = \sum_f X_{ift} \times QPrody_{f99} / \sum_f X_{ift}$，其中 X_{ft} 表示企业 t 年 f 产品的出口额。估计结果列于表 5.5 第（5）列。由表 5.5 的第（5）列可知，贸易政策不确定性下降对企

业出口技术复杂度起到了积极的促进作用。由此可见，本书的研究结论较为稳健，并未因企业出口技术复杂度的测度方法的不同而发生较大改变。

本书还改用另外两种方法刻画贸易政策不确定性：第一，借鉴毛其淋和许家云（2018）、皮尔斯和肖特（Pierce and Schott，2016），即 $TPU2_f = \tau_f^{col2} - \tau_f^{mfn}$①；第二，借鉴汉德利和利马奥（Handley and Limao，2017）、刘和马（Liu and Ma，2020），构建变量 $TPU3$ 来测度贸易政策不确定性，即 $TPU3_f = 1 - \left(\dfrac{\tau_f^{col2}}{\tau_f^{mfn}}\right)^{-\sigma}$，相关估计结果见表 5.5 第（6）列和第（7）列②。该结果表明贸易政策不确定性下降显著提升了企业出口技术复杂度，并未因改用其他贸易政策不确定性的测度方法而影响本章研究结论。

5.2.4 异质性检验

为了把握贸易政策不确定性影响企业出口技术复杂度的异质性，本书将从贸易方式、所有制类型、技术水平等级等三个层面对样本进行区分，对公式（5.5）进行分样本回归，估计结果如表 5.6 所示。

5.2.4.1 贸易方式层面的异质性

将样本按照贸易方式划分为加工贸易企业（PTE）和一般贸易企业（OTE），估计结果列于表 5.6 的第（1）~（2）列。从估计结果来看，中美贸易政策不确定性（TPU）的交叉项系数都显著为正，表明无论加工贸易企业还是一般贸易企业，中美贸易政策不确定性下降都促进了其出口技术复杂度

---

① 采用 HS6 位码产品的非正常贸易关系关税与最惠国关税的差值来衡量贸易政策不确定性（$TPU2$）。

② 相关结果已经进行贸易政策不确定性行业层面的加总。

表 5.6　贸易政策不确定性对企业出口技术复杂度的异质性估计结果

变量	贸易方式		所有制类型			技术水平等级		
	一般贸易 (1)	加工贸易 (2)	国有企业 (3)	私营企业 (4)	外资企业 (5)	低技术 (6)	中等技术 (7)	高技术 (8)
$TPU_{p1} \times Post02_t$	0.2760*** (3.46)	0.1435*** (3.18)	0.1640*** (2.60)	0.3626*** (3.99)	0.1792*** (3.87)	0.0200*** (3.49)	0.0463*** (3.78)	0.1077*** (4.07)
scale	0.0094*** (8.83)	0.0109*** (8.24)	0.0051*** (3.12)	0.0112*** (4.75)	0.0125*** (11.62)	0.0024* (1.71)	0.0032** (2.17)	0.0061*** (6.28)
sub	-0.0013 (-0.85)	-0.0011** (-2.53)	0.0038 (0.58)	-0.0038 (-1.21)	-0.0042*** (-2.70)	-0.0072*** (-2.19)	0.0001 (0.01)	0.0031** (2.03)
age	-0.0006 (-0.11)	-0.0105*** (-4.70)	0.0037 (0.72)	-0.0124*** (-3.41)	-0.0021*** (-3.10)	-0.0063** (-2.21)	-0.0008 (-0.37)	-0.0019* (1.71)
CI	0.0271*** (35.81)	0.0271*** (28.84)	0.0190*** (5.04)	0.0230*** (14.21)	0.0254*** (32.83)	0.0188*** (13.10)	0.0101*** (9.75)	0.0098*** (13.33)
IV	0.1113*** (13.03)	0.0721*** (6.86)	0.0309* (1.79)	0.0903*** (3.17)	0.0959*** (11.58)	0.2197*** (12.01)	0.0233* (1.79)	0.0008 (1.23)
HHI	-0.0025*** (-3.32)	-0.0054*** (-6.08)	-0.0109*** (-3.15)	-0.0028*** (-3.10)	-0.0031*** (-4.31)	-0.0140*** (-9.85)	-0.0018* (1.59)	-0.0049*** (-2.63)
outputtariff	-0.0204*** (-2.99)	-0.0257** (-2.49)	-0.0057* (-1.59)	-0.0216** (-2.56)	-0.0308*** (-3.01)	-0.0146*** (-2.61)	-0.0216** (-2.77)	-0.0316*** (-2.83)
inputtariff	-1.0291*** (-7.69)	-0.9172*** (-6.83)	-0.9401*** (9.81)	-0.7864*** (-6.14)	-0.6570*** (-5.20)	-0.5356*** (-4.62)	-0.8081*** (-5.69)	-0.9204*** (-6.54)

续表

变量	贸易方式		所有制类型			技术水平等级		
	一般贸易 (1)	加工贸易 (2)	国有企业 (3)	私营企业 (4)	外资企业 (5)	低技术 (6)	中等技术 (7)	高技术 (8)
reform	0.0043*** (0.0043)	0.0150*** (5.28)	0.0298 (0.72)	0.0233** (2.57)	0.0476*** (7.09)	0.0326*** (6.95)	0.0202*** (5.72)	0.0120*** (5.15)
deregulation	0.8738*** (4.16)	0.3703*** (7.66)	0.5015*** (8.51)	1.0910*** (8.95)	0.5058*** (8.61)	1.0832*** (7.55)	0.3521*** (4.36)	0.0501*** (2.93)
常数项	16.7290*** (47.28)	12.4949*** (72.91)	13.7526*** (28.11)	9.2317*** (33.98)	13.5749*** (34.25)	8.9267*** (31.16)	12.4007*** (34.31)	10.0029*** (32.75)
时间固定效应	是	是	是	是	是	是	是	是
企业固定效应	是	是	是	是	是	是	是	是
观测值（个）	226583	92617	9846	55774	241837	69078	72562	120674
R^2	0.3185	0.2687	0.2448	0.2089	0.3945	0.1395	0.1203	0.0712

注：括号中为对应系数的 t 值；*、**、*** 分别表示在 10%、5% 和 1% 水平上显著。

的提升。从中美贸易政策不确定性的平均效应来看，一般贸易企业为0.2760，加工贸易企业为0.1435，反映出相对于加工贸易型企业，贸易政策不确定性下降对一般贸易型企业出口技术复杂度的促进效果更好。其可能的原因是相对于一般贸易型企业，中国的加工贸易企业主要从事初加工和生产技术含量低的产品，进入门槛较低，以至于大量的低生产率加工贸易企业集聚进入出口市场。因此加工贸易企业的出口技术复杂度对贸易政策不确定性下降的敏感度要低于一般贸易企业。

5.2.4.2 所有制类型层面的异质性

借鉴瓜里格里亚等（Guariglia et al.，2011），按照各类资本占实收资本的比例确定国有企业（SOE）、私营企业（POE）和外资企业（FOE），估计结果列于表5.6的第（3）～（5）列。估计结果显示，贸易政策不确定性（TPU）的系数交叉显著为正，表明贸易政策不确定下降对企业出口技术复杂度的影响并未因所有制的变化而变化。从贸易政策不确定性的平均效应看，国有企业为0.1640，私营企业为0.3626，外资企业为0.1792，表明贸易政策不确定性下降对私营企业出口技术复杂度的提升最大，外资企业次之，国有企业最小。一般来说，国有企业容易获取垄断利润，往往存在效率损失，况且其经营目标相对多元化，承担着促进公共就业、扶贫等社会责任，对贸易政策环境变化的反应没有私营企业、外资企业灵活，而私营企业大多是中小企业，对贸易政策不确定性更为敏感，因此贸易政策不确定性下降对其出口技术复杂度的提升会相对高些。

5.2.4.3 技术水平等级层面的异质性

借鉴李力行和申广军（2015），根据低技术行业（LTI）、中等技术行业

（MTI）以及高技术行业（HTI），将行业按照出口技术复杂度划分为三个样本①，估计结果列于表 5.6 的第（6）~（8）列。其中，贸易政策不确定性（TPU）的交叉项系数显著为正，说明贸易政策不确定性下降对这些行业的出口技术复杂度都具有促进作用。从贸易政策不确定性的平均效应来看，低技术行业为 0.0200，中等技术行业为 0.0463，高技术行业为 0.1077，说明贸易政策不确定性下降对高技术行业影响最大，中等技术行业次之，低技术行业最小。相比于低技术和中等技术企业，高技术行业的企业，更加依赖关键零部件进口，并且其对中间品的进口需求容易受到贸易政策的影响，因而高技术行业企业的出口技术复杂度对贸易政策不确定性更为敏感。

5.2.5　推动企业出口结构升级提升的机制及检验

企业出口技术复杂度的提升涉及有限资源在不同企业、企业内出口产品间以及出口产品的优化再配置，贸易政策不确定性下降引致的出口门槛降低，企业间的竞争效应加强，从而促使生产要素在不同企业、企业内出口产品间以及出口产品的转移，对企业的出口技术复杂度产生影响。为了考察贸易政策不确定性的资源再配置效应，本书将企业出口技术复杂度的变化分解如下：

$$\Delta Soph_{it} = \Delta\left(\sum_f P_{f99}\frac{X_{ift}}{X_{it}}\right)$$

$$= \underbrace{\sum_{f\in Fs} P_{f99}\left(\frac{X_{ift}}{X_{it}} - \frac{X_{ift-1}}{X_{it-1}}\right)}_{\text{持续出口产品}} + \underbrace{\left(\sum_{f\in Fentry} P_{f99}\frac{X_{ift}}{X_{it}} - \sum_{f\in Fexit} P_{f99}\frac{X_{ift-1}}{X_{it-1}}\right)}_{\text{产品的新增消亡}}$$

---

① 根据国民经济行业划分标准（GB-T 4754—2002），低技术行业为：纺织业，木料加工及藤、棕、草制品业，石油加工、炼焦及核燃料加工业，饮料制造业，烟草制品业，纺织服装、鞋、帽制造业；高技术行业为：专用设备制造业，仪器仪表及文化办公用机械制造业，医药制造业，造纸及纸制品业，通信设备、计算机及其他电子设备制造业；其他行业为中等技术行业。

$$
\begin{aligned}
&= \underbrace{\sum_{f \in F^s} P_{f99}\left(\frac{X_{ift}}{X_{it}} - \frac{X_{ift}}{X_{it-1}}\right)}_{\text{企业间调整}} + \underbrace{\sum_{f \in F^s} P_{f99}\left(\frac{X_{ift}}{X_{it-1}} - \frac{X_{ift-1}}{X_{it-1}}\right)}_{\text{企业内产品间调整}} + \underbrace{\Delta S_{it}^{ee}}_{\text{产品的新增消亡}} \\
&= \Delta S_{it}^{inter} + \Delta S_{it}^{intra} + \Delta S_{it}^{ee} \quad\quad\quad\quad\quad\quad\quad\quad (5.6)
\end{aligned}
$$

如公式（5.7）所示，可以将企业出口技术复杂度的总变化（$\Delta Soph_{it}$）分解为企业间的产出调整（ΔS_{it}^{inter}）、企业内出口产品间的产出调整（ΔS_{it}^{intra}）以及产品在出口市场的新增消亡调整（ΔS_{it}^{ee}），公式（5.7）的分解方法具体可以参见贝利等（Baily et al.，1992）、周茂等（2019）。观察分解结果，经过简单分析可以得出，前两部分建立在持续出口的产品上，而第三部分则建立在新增产品和消失产品的基础上。为了考察贸易政策不确定性对产品层面资源再配置的影响，本书将这三个部分（ΔS_{it}^{inter}，ΔS_{it}^{intra}，ΔS_{it}^{ee}）分别替换为被解释变量进行回归估计。如表5.7第（1）列所示，企业间产出调整对企业出口技术复杂度的提升不显著。可能的原因是，受到贸易政策不确定性下降的冲击，对劳动密集型企业和国有企业影响较大，政府为了就业的稳定，会在一定程度上对这些企业进行资源倾斜，这就阻碍了资源在企业间的调整。表5.7第（2）列表明，企业并没将更多的资源从低出口复杂度的产品转移到高出口复杂度的产品上，而是更多地将资源配置在低复杂度的产品。这是由于贸易政策不确定性下降后，企业无法预测国际贸易政策下一步变化的方向及程度，导致企业通常会采取较为保守的风险规避型经营战略，例如，加大劳动密集型等传统优势产品的扩张。表5.7第（3）列的结果表明，出口技术复杂度的提升主要源自企业内的产品新增消亡。产品新建消亡这种"创造性破坏"（creative destruction）式的调整属于产品结构调整中较为剧烈的调整方式，这与第（2）列的结果并不冲突，在企业扩大传统优势产品的基础上，贸易政策不确定的下降诱致企业调整生产行为，企业更可能剔除那些效益差的产品，创造出新的具有高出口技术复杂度的产品以获得最大化的利润。

表 5.7 贸易政策不确定性的资源再配置效应

变量	ΔS_{it}^{inter} (1)	ΔS_{it}^{intra} (2)	ΔS_{it}^{ee} (3)
$\Delta TPU_{j01} \times Post02_t$	−0.1098 (−1.39)	−0.1070 ** (−1.98)	0.3501 *** (3.59)
$\Delta scale$	−0.1040 *** (−3.20)	0.1490 *** (6.66)	−0.2103 *** (−6.92)
Δsub	−0.0310 (−0.88)	0.0149 (0.61)	−0.1228 (−1.48)
Δage	0.0541 (1.14)	0.1544 *** (4.79)	−0.1367 *** (−2.72)
ΔCI	−0.0100 (−0.46)	0.0566 *** (3.69)	−0.0356 (−1.51)
ΔIV	−0.0099 (−0.53)	0.0195 (1.51)	0.0230 (0.93)
ΔHHI	0.3306 * (1.61)	0.2838 ** (1.98)	0.8790 ** (2.35)
$\Delta outputtariff$	−0.0109 (0.91)	−0.0142 (−1.22)	−0.1127 (0.92)
$\Delta inputtariff$	−0.2714 (−0.68)	−0.3984 (−1.44)	−0.6431 (−0.62)
$\Delta reform$	−0.0760 (−1.04)	−0.0159 (−0.31)	−0.4548 *** (−6.42)
$\Delta deregulation$	1.3237 *** (4.05)	1.1178 *** (4.96)	−0.2450 (−0.48)
时间固定效应	是	是	是
观测值（个）	58931	76263	7990
R^2	0.0319	0.0208	0.0226

注：一阶差分已经消去企业固定效应，括号中为对应系数的 t 值；*、**、*** 分别表示在 10%、5% 和 1% 水平上显著。

5.3 本章小结

首先，对被解释变量企业出口技术复杂度、解释变量贸易政策不确定性以及控制变量进行描述性统计，发现贸易政策不确定性下降和中国出口技术复杂度具有明显的时间变化特点，即 2001 年中国加入 WTO 后，贸易政策不确定性的下降导致中国出口技术复杂度迅速提升。其次，选取贸易政策不确定性指数，以及 2000～2007 年中国海关数据库和中国工业企业数据库，构建计量经济模型考察贸易政策不确定性对企业出口技术复杂度的影响，实证检验显示，贸易政策不确定性下降显著促进了企业出口技术复杂度的增加，在一定程度上验证了理论模型的预测，这一结果在一系列的稳健性检验后，如识别假设检验、更换贸易政策不确定性和企业出口技术复杂度的测度方法后依然成立。再其次，考察了贸易政策不确定性影响企业出口技术复杂度的异质性，基于异质性企业的检验结果显示：贸易政策不确定性的下降有利于一般贸易企业、私营性质企业以及高技术行业企业的出口技术复杂度的扩张。最后，从产品层面的资源再配置考察了贸易政策不确定性下降对企业出口技术复杂度的影响，结果显示，贸易政策不确定性的下降有利于产品层面的资源再配置，进而通过产品的新增消亡促进了企业出口技术复杂度的提高。

第 6 章
贸易政策不确定性影响企业
出口产品质量的实证检验

首先，对贸易政策不确定性、企业出口产品质量以及可能影响企业出口产品质量的控制变量进行描述性统计分析，揭示了不同行业间贸易政策不确定性和企业出口产品质量的分布特点。接下来，基于第 3 章关于贸易政策不确定性与企业出口产品质量的理论分析和理论模型，本章选取 2000~2007 年中国海关数据库和中国工业企业数据库，构建计量经济模型检验贸易政策不确定性对企业出口产品质量的影响，旨在验证相关理论模型的预测性和解释力。为了保证研究结论的可靠性与稳健性，通过识别假设检验、稳健性检验，具体包括同趋势假设检验、预期效应检验、添加产业趋势项以及更换主要变量以尽可能减少研究过程中可能产生的内生性问题，进一步地，引入企业异质性分样本检验和中介效应检验，以便深入考察贸易政策不确定性的异质性影响，以及贸易政策不确定性究竟如何对企业出口产品质量产生影响。

6.1 研 究 设 计

6.1.1 数据来源与处理

为了研究贸易政策不确定性与企业出口产品质量之间的关系，本书主要使用微观企业数据、美国进口关税数据和企业出口产品数据。样本期为2000~2007年，仅保留我国向美国出口产品的制造业企业。

第一，基于2000~2007年的中国工业企业数据库，并且参照勃兰特等（Brandt et al.，2012）、聂辉华等（2012）以及陆和虞（Lu and Yu，2015），删除数据库中中间品投入、总资产、员工数等的异常数据。

第二，基于2000~2007年的中国海关数据库，参考施炳展（2013），删除数据库的异常数据，包括：一是，企业名称、出口目的国以及产品名称缺失的样本；二是，交易异常的样本，规模低于50美元以及单位数量小于1。参考虞（Yu，2015），将工业企业数据库与海关数据库合并，利用合并后的数据库计算企业层面的出口技术复杂度，删除缺失的样本，最终获得319200个有效观测值。[①]

第三，关于中间产品进口信息的识别，借鉴许家云等（2017），我们结合海关数据库中企业进口产品信息，将HS6码转换为BEC代码，可以筛选出企业的进口中间品信息[②]。

[①] 此外我们还将海关贸易数据库中的企业名称中包含"进出口""经贸""贸易""科贸""外经"等字样的企业归属为贸易中间商的样本删除。由于贸易中间商与其他制造业企业在进出口动机、生产行为等方面存在显著差异，为了得到准确的研究结论，我们进一步删除了贸易中间商样本。

[②] 其中，BEC代为"111""121""21""22""31""322""42""53"的8类是本书定义的中间品，通过将BEC码和HS6编码进行对应来识别每个企业从不同来源国进口的中间产品。据此，可以得到每个企业历年的中间品质量和进口种类。

第四，用于计算进口中间品技术溢出效应的各国和地区国内生产总值来源于联合国贸易数据库，研发投入支出数据来自于世界银行数据库。

第五，基于 WTO 网站子项目"Tarriff Downlad Facility"中国进口关税数据，以及芬斯特拉（Feenstra，2002）整理的美国 HS6 位层面的斯姆特 - 霍利关税，将所有涉及的数据都经过 HS6 位码转换成 HS96 标准。

6.1.2 变量定义

6.1.2.1 被解释变量

企业出口产品质量（*quality*）。借鉴坎德瓦尔等（Khandelwal et al.，2013），引入产品需求函数来构建指标，设定企业 i 在 t 年对美国出口的产品 j 的数量为：

$$q_{ijt} = p_{ijt}^{-\sigma} \theta_{ijt}^{\sigma-1} \frac{E_t}{P_t} \tag{6.1}$$

其中，q_{ijt}、p_{ijt} 和 θ_{ijt} 分别表示中国企业 i 在 t 年出口产品 j 到美国的出口量、产品价格以及产品质量，E_t 与 P_t 分别表示美国市场在 t 年的国民收入和总体价格水平，σ 为该产品的替代弹性。

对公式（6.1）两边取对数：

$$\ln q_{ijt} = \ln\varphi_t - \sigma\ln p_{ijt} + \varepsilon_{ijt} \tag{6.2}$$

其中，$\varphi_t = \ln E_t - \ln P_t$，表示产品固定效应，用来控制美国的价格和国民收入；$\ln p_{ijt}$ 表示企业 i 在 t 年对美国出口产品 j 的价格；$\varepsilon_{ijt} = (\sigma - 1)\ln\theta_{ijt}$，表示随机干扰项，包含了出口产品质量。

借鉴施炳展和邵文波（2014）对替代弹性的估计，将 σ 取值为 3。结合出口量和价格的数据，对公式（6.2）进行 OLS 估计，得到残差项 ε_{ijt} 的值，则企业 i 在 t 年出口至美国的产品 j 质量可表示为：

$$quality_{ijt} = \ln\hat{\theta}_{ijt} = \frac{\hat{\varepsilon}_{ijt}}{\sigma - 1} \tag{6.3}$$

为了方便产品质量的加总和比较，将测算出来的出口产品质量进行标准化，标准化的公式如下：

$$rquality_{ijt} = \frac{quality_{ijt} - minquality_{ijt}}{maxquality_{ijt} - minquality_{ijt}} \tag{6.4}$$

其中，max 和 min 表示企业出口产品质量的最大值和最小值，基于公式 (6.4)，可以得到以产品出口价值为权重的企业出口产品质量：

$$quality_{it} = \frac{value_{ijt}}{\sum\limits_{ijt \in \Omega} value_{ijt}} rquality_{ijt} \tag{6.5}$$

其中，$value_{ijt}$ 表示企业 i 在 t 年出口产品 j 到美国的价值量；$\sum\limits_{ijt \in \Omega} value_{ijt}$ 表示企业 i 在 t 年出口到美国所有产品的价值量。

6.1.2.2　核心解释变量

贸易政策不确定性（TPU），借鉴毛其淋和许家云（2018），首先计算产品层面的贸易政策不确定性，测算公式如下：

$$TPU_f = \ln\left(\frac{\tau_f^{col2}}{\tau_f^{mfn}}\right) \tag{6.6}$$

其中，τ_f^{col2} 为 2001 年美国对非正常贸易国施加的产品 f 关税水平，即斯姆特 - 霍利关税；τ_f^{mfn} 为 2001 年美国对产品 f 征收的最惠国关税（MFN Tariff)[①]。

6.1.2.3　控制变量

这里的控制变量与第 4 章相同，包括企业规模（scale）、政府补贴（sub）、企业年龄（age）、资本密集度（CI）、最终品进口关税（outputtar-

---

① 需要说明的是，上述测算得到的均是 HS6 位码层面的贸易政策不确定性指数。为了研究的需要，本书进一步将它们加总到工业行业分类 4 位码层面。具体步骤为：首先将 HS6 位码产品对应到中国工业行业分类 4 位码（CIC4 位码），然后对每个行业内产品层面的 TPU 指数进行简单平均，即可得到行业层面的贸易政策不确定性指标。

iff）、中间品进口关税（*inputtariff*）、行业总规模（*IV*）、赫芬达尔指数（*HHI*）、国有企业改革（*reform*）、放松外资管制（*deregulation*），其余变量定义如表 6.1 所示。具体的计算方法这里不做赘述。

表 6.1　　　　　　　　　　　　　　变量定义

变量	变量名称	变量测度方法
*quality*1	企业出口产品质量	事后推理的方法，认为出口量较大的产品拥有较高的质量（Kandelwal et al.，2013）
*quality*2	企业出口产品质量	出口产品质量的测度方法主要是单位价格（价值）衡量的方法（Hallak，2006；李坤望等，2014）

注：解释变量和控制变量的测度方法与第 4 章相同，这里不再赘述。

6.1.3　计量模型设定

为实证考察贸易政策不确定性对中国企业出口产品质量的影响，借鉴毛其淋（2020），构建计量模型如下：

$$\ln quality_{ijt} = \alpha_0 + \beta_1 TPU_{j01} \times Post02_t + \sum_{\gamma} X_{ijt} + \lambda_t + u_i + \varepsilon_{ijt} \quad (6.7)$$

其中，下标 i、j、t 分别代表企业、行业和年份；$quality_{ijt}$ 为被解释变量，表示企业 i 在 t 期出口产品质量；TPU_{j01} 为 2001 年行业层面的关税差额，表征中国加入 WTO 之前面临的贸易政策不确定性程度。$Post02_t$ 为政策实施虚拟变量，若 $t \geq 2002$，则该虚拟变量取 1，否则取 0。交叉项 $TPU_{j01} \times Post02_t$ 为本书最为关注的，β_1 衡量了高关税差额（即高 *TPU*）行业与低关税差额（即低 *TPU*）行业中企业出口产品质量在中国加入 WTO 前后的平均差异。若 $\beta_1 > 0$，说明贸易政策不确定性下降对企业出口产品质量产生正向影响；若 $\beta_1 < 0$，说明贸易政策不确定性下降不利于企业出口产品质量的提升；若 $\beta_1 = 0$，则贸易政策不确定性下降影响不明显。X_{ijt} 为可能影响企业出口产品质量的控制变量的集合，包括企业规模（*scale*）、政府补贴（*sub*）、企业年龄（*age*）、资本密集度（*CI*）、最终品进口关税（*outputtariff*）、中间品进口关税（*inputtar-*

iff)、行业总规模（IV）、赫芬达尔指数（HHI）、国有企业改革（$reform$）、放松外资管制（$deregulation$）；λ_t 和 u_i 分别表示时间固定效应和企业固定效应；ε_{ijt}为扰动项。

6.2 结果分析

6.2.1 描述性统计

6.2.1.1 各变量的统计特征

表 6.2 呈现了各变量，包含被解释变量（lnquality）、解释变量（TPU）以及控制变量的统计特征。首先来看企业出口产品质量，标准差为 0.41，说明样本内企业的出口产品质量的分布较为集中，从贸易政策不确定性来看，其分布特征以及均值与本文第 4 章类似。从控制变量看，企业规模（$scale$）、政府补贴（sub）、企业年龄（age）、资本密集度（CI）、最终品进口关税（$outputtariff$）、中间品进口关税（$inputtariff$）、行业总规模（IV）、赫芬达尔指数（HHI）、国有企业改革（$reform$）、放松外资管制（$deregulation$）的分布特征与均值也类似于第 4 章，未见异常值，这里不做赘述。

表 6.2　　　　　　　　　　　变量的描述性统计

变量	观测值（个）	均值	标准差	最小值	最大值
lnquality	319200	0.56	0.41	0.00	1.00
TPU	319200	2.37	0.41	0.98	3.54
scale	286263	5.63	1.13	0.00	12.53
sub	319200	0.47	0.49	0.00	1.00

续表

变量	观测值（个）	均值	标准差	最小值	最大值
age	317608	2. 16	0. 64	0. 00	5. 13
CI	269671	3. 65	1. 41	− 6. 80	12. 94
IV	249860	15. 80	1. 99	5. 01	20. 42
HHI	319200	0. 06	0. 09	0. 00	1. 00
inputtariff	319200	0. 21	0. 13	0. 02	0. 41
outputtariff	319200	0. 15	0. 11	0. 00	0. 78
reform	241799	0. 47	0. 46	− 0. 22	21. 33
deregulation	319200	9. 29	0. 27	8. 49	9. 70

6.2.1.2 企业出口产品质量走势分析

如图 6.1 所示，在 2000 ~ 2001 年中国加入 WTO 之前，实验组和对照组的出口产品质量变动整体保持一致，而 2002 ~ 2007 年中国加入 WTO 之后实验组（低贸易政策不确定性的企业）的出口产品质量提升程度快于对照组（高贸易政策不确定性的企业），并且两者之间的差距逐步拉大。具体而言，加入 WTO 后，2001 ~ 2005 年对照组（高 *TPU* 的企业）的出口产品质量有小幅度的下降趋势，但总体上仍然保持平稳，2005 ~ 2007 年出现下降趋势。反观 2001 ~ 2005 年实验组（低 *TPU* 的企业）出口产品质量相对保持平稳，2005 ~ 2007 年却呈现明显提升。这表明中国加入 WTO 政策实施后，遭受政策冲击的实验组（低 *TPU* 的企业）的出口产品质量要比未遭受政策冲击的对照组（高 *TPU* 的企业）的出口产品质量平均增长得多，因而中国加入 WTO 后，贸易政策不确定下降对企业的出口产品质量存在正向影响。这在一定程度上也可以表明企业出口产品质量的提升并不是由贸易政策不确定性下降以外的其他因素导致的，即满足同趋势假定，这是使用双重差分法最为关键的前提假定之一（毛其淋，2020；周茂等，2018）。

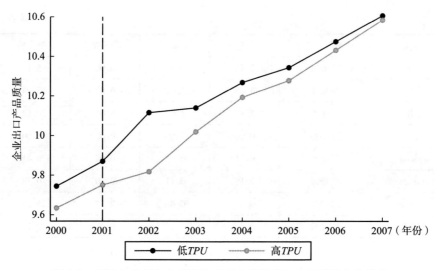

图 6.1　2001 年中国加入 WTO 前后企业的出口产品质量变化情况

6.2.2　基准回归结果

表 6.3 报告了贸易政策不确定性与企业出口产品质量的基准回归结果。表 6.3 第（1）列仅考虑核心解释变量，可见贸易政策不确定性（*TPU*）的估计系数为 0.0409，在 1% 的水平上显著为正，表明贸易政策不确定性下降有助于提升企业出口产品质量。

表 6.3　贸易政策不确定性与企业出口产品质量的基准估计结果

变量	（1）	（2）	（3）	（4）
$TPU_{j01} \times Post02_t$	0.0409 *** （4.22）	0.0491 *** （3.71）	0.0501 *** （3.78）	0.0512 *** （3.78）
scale		0.0189 *** （11.62）	0.0189 *** （11.61）	0.0187 *** （11.54）
sub		− 0.1115 *** （− 2.76）	− 0.1116 *** （− 2.76）	− 0.1111 *** （− 2.75）

续表

变量	（1）	（2）	（3）	（4）
age		0.0097*** (3.44)	0.0096*** (3.44)	0.0097*** (3.46)
CI		0.0082*** (5.58)	0.0083*** (5.58)	0.0081*** (5.53)
IV			0.0042*** (3.30)	0.0041*** (3.32)
HHI			−0.0320*** (−2.61)	−0.0318*** (−2.63)
outputtariff			−0.0253*** (−2.89)	−0.0250*** (−2.88)
inputtariff			−0.1796*** (−3.62)	−0.1774*** (−3.61)
reform				0.0121*** (2.93)
deregulation				0.0071*** (2.79)
常数项	0.6466*** (119.69)	0.4472*** (29.19)	0.4451*** (29.00)	0.3945*** (17.18)
企业固定效应	是	是	是	是
时间固定效应	是	是	是	是
观测值（个）	319200	319200	319200	319200
R^2	0.1707	0.3426	0.3426	0.3437

注：括号中为对应系数的 t 值；*、**、*** 分别表示在 10%、5% 和 1% 水平上显著。

表 6.3 第（2）列加入了企业层面的控制变量，企业规模（*scale*）的估计系数为 0.0189，且在 1% 的水平上显著为正，表明企业规模越大，制造业企业出口产品质量越高，与苏丹妮等（2018）的研究结论类似；政府补贴

（*sub*）的估计系数显著为负，可能是由于政府补贴会影响市场机制的作用，这与刘啟仁和铁瑛（2020）的结论相一致；企业年龄（*age*）的估计系数为正，反映企业经营时间与制造业企业出口产品质量为正向关系，可能是由于企业在生产过程当中逐步积累了经验，生产高质量产品能力得到提升；资本密集度（*CI*）的估计系数显著为正，说明资本密集度的提升有利于促进产品质量的提高，可能的解释是企业能够提供更多资金支持出口产品质量的增加。

表 6.3 第（3）列分别加入了行业层面的控制变量。中间品关税水平（*inputtariff*）对企业出口产品质量的影响显著为负，表明中间品关税水平下降有助于提高企业的出口产品质量，可能的原因是企业进口中间品关税的降低，企业可以进口更多的高质量中间品，直接提升了出口产品质量。最终品关税（*outputtariff*）对企业出口产品质量的影响显著为负，表明最终品关税水平的下降有利于提高企业的出口产品质量。较多文献认为最终品关税的下降有利于国内形成竞争效应，进而提高企业的出口产品质量。行业总规模（*IV*）的估计系数显著为正，说明行业规模有利于促进出口产品质量的提升，对此的解释是随着行业规模的扩大，有利于企业间技术交流、配套共享，进而提升出口产品质量。赫芬达尔指数（*HHI*）的估计系数显著为负，说明行业垄断会抑制出口产品质量的提升。

表 6.3 第（4）列进一步纳入了政策层面控制变量即国有企业改革（*reform*）和放松外资管制（*deregulation*）。从回归结果看，国有企业改革（*reform*）和放松外资管制（*deregulation*）的估计系数分别为 0.0121 和 0.0071，且均在 1% 水平显著，说明国有企业改革和放松外资管制均对出口产品质量的提升起到正面作用。

与表 6.3 第（1）列相比，第（2）～（4）列中核心解释变量：交叉项 $TPU_{j01} \times Post02_t$ 的估计系数的符号方向和显著性水平均未发生变化，反映出即使控制众多因素，研究结论依然保持较好的稳定性。由此，贸易政策不确定性下降对企业出口产品质量有着显著的促进作用。

6.2.3 稳健性检验

6.2.3.1 同趋势假设检验

双重差分法虽然能够较好地解决贸易政策冲击评估产生内生性问题，但采用双重差分法的重要前提为平行趋势假设，即假定处理组在未受到处理情况下的变化趋势与控制组相同。为此，本书将 $TPU_{j01} \times Post02_t$ 替换为 $TPU_{j01} \times year$，$year$ 如表6.4第（1）列所示是一个虚拟变量（即 $\sum_{t=2001}^{2007} TPU_{j01} \times year_t$ ）。$TPU_{j01} \times year_t$ 的系数在2001年之前不显著，但2001年之后的系数显著为正，表明实验组和对照组在2001年前的趋势相同。

表6.4 同趋势假设检验

变量	共同趋势 （1）
$TPU_{j01} \times year2001$	-0.0007 （-1.10）
$TPU_{j01} \times year2002$	0.0054^{***} （2.84）
$TPU_{j01} \times year2003$	0.0111^{***} （3.76）
$TPU_{j01} \times year2004$	0.0147^{***} （3.73）
$TPU_{j01} \times year2005$	0.0154^{***} （3.83）
$TPU_{j01} \times year2006$	0.0178^{***} （3.30）
$TPU_{j01} \times year2007$	0.0195^{***} （3.79）

续表

变量	共同趋势 （1）
常数项	9.1023 *** （12.67）
控制变量	是
企业固定效应	是
时间固定效应	是
观测值（个）	319200
R^2	0.3223

注：括号中为对应系数的 t 值；*、**、*** 分别表示在 10%、5% 和 1% 水平上显著。控制变量包含企业规模（*scale*）、政府补贴（*sub*）、企业年龄（*age*）、资本密集度（*CI*）、最终品进口关税（*outputtariff*）、中间品进口关税（*inputtariff*）、行业总规模（*IV*）、赫芬达尔指数（*HHI*）、国有企业改革（*reform*）、放松外资管制（*deregulation*）。

6.2.3.2　预期效应

使用双重差分法估计贸易政策不确定性下降对企业出口规模的影响过程中，能够避免预期效应的干扰是重要前提，其原因在于若存在预期效应，那么 $TPU_{j01} \times Post02_t$ 可能并不是由政策实行引起的，换言之，双重差分法的结果是错误的，为了检验是否存在预期效应，我们在估计中进一步加入 $TPU_{j01} \times D01$ 项，$D01$ 为 2001 年即贸易政策冲击前一年的虚拟变量，如表6.5 第（1）列所示，$TPU_{j01} \times D01$ 交叉项系数很小且不显著，说明预期效应不存在，同时我们还观察到表6.5 第（1）列，本书关注的变量 $TPU_{j01} \times Post02_t$ 系数和显著性与基准结果表6.3 第（4）列相比也没有发生实质性的改变。据此，我们排除了预期效应的存在。

6.2.3.3　两期差分法

到目前为止，本书采用多期差分法来评估贸易政策不确定性对出口规模的影响，然而伯特兰等（Bertrand et al.，2004）、周茂等（2016）指出使用多期双重差分法可能存在序列相关问题从而会夸大 $TPU_{j01} \times Post02_t$ 的系数。

表 6.5 稳健性检验的计量结果

变量	预期效应 (1)	两期差分法 (2)	控制企业 × 时间固定效应 (3)	排除非观测因素 (4)	$quality_2$ (5)	TPU2 (6)	TPU3 (7)
$TPU_{j01} \times Post02_t$	0.0761*** (6.69)	0.0832*** (12.10)	0.0613*** (7.47)	0.0067 (0.02)	0.0343*** (8.77)	0.0381*** (7.48)	0.1647*** (7.05)
$TPU_{j01} \times D01$	0.0035 (0.70)						
$scale$	0.0191*** (6.38)	0.0191*** (6.32)	0.0250*** (4.62)	0.0062*** (8.53)	0.0198*** (11.97)	0.0066*** (5.80)	0.0094*** (12.94)
sub	-0.1127*** (-3.33)	-0.1128*** (-4.35)	-0.0546** (-2.40)	-0.0214* (-1.83)	-0.1125*** (-2.76)	-0.1018*** (-3.03)	-0.0025** (-2.33)
age	0.0089*** (4.41)	0.0087*** (4.10)	0.0663*** (6.36)	0.0032** (2.47)	0.0095*** (3.33)	0.0035*** (3.81)	-0.0013*** (-3.22)
CI	0.0088** (2.13)	0.0087* (1.72)	0.0280*** (4.42)	0.0084*** (9.49)	0.0084*** (5.66)	0.0049*** (3.26)	0.0177*** (3.57)
IV	0.0041*** (3.32)	0.0041*** (3.31)	0.0017** (2.12)	0.0039*** (3.01)	0.0032*** (2.59)	0.0051*** (4.23)	0.0080*** (14.72)
HHI	-0.0132*** (-7.86)	-0.0133*** (-7.94)	-0.2355*** (-7.85)	-0.0262*** (-13.08)	-0.0297** (-2.37)	-0.0220*** (-6.51)	-0.0229*** (-3.43)
$outputtariff$	-0.0004*** (-2.93)	-0.0045*** (-3.49)	-0.0003* (-1.69)	-0.0003* (-1.69)	-0.0638** (-2.26)	-0.0003*** (-3.03)	-0.0292*** (-2.75)

135

续表

变量	预期效应 (1)	两期差分法 (2)	控制企业 × 时间固定效应 (3)	排除非观测因素 (4)	quality₂ (5)	TPU2 (6)	TPU3 (7)
inputtariff	-0.8650 ***	-1.1450 ***	-1.6340 ***	-1.6295 ***	-1.8728 ***	-0.9432 ***	-0.9040 ***
	(-7.11)	(-7.08)	(-9.43)	(5.08)	(-6.84)	(-8.22)	(-8.44)
reform	0.0006 ***	0.0006 ***	0.0215 ***	0.0045 ***	0.0058 ***	0.0049 ***	0.0006 ***
	(5.39)	(5.40)	(12.72)	(6.64)	(4.19)	(3.14)	(5.39)
deregulation	0.0103	0.0102	0.0210	0.0201	0.0001	0.0201	0.0103
	(0.19)	(0.14)	(0.35)	(0.33)	(0.02)	(0.04)	(0.19)
常数项	0.3821 ***	0.3042 ***	2.0190 ***	0.3428 ***	0.3962 ***	0.4267 ***	6.1789 ***
	(16.02)	(16.34)	(16.58)	(16.87)	(16.92)	(19.51)	(9.16)
企业固定效应	是	是	是	是	是	是	是
时间固定效应	是	是	是	是	是	是	是
观测值（个）	265514	92624	265514	265514	203543	265514	265514
R²	0.3097	0.3095	0.1016	03115	0.3468	0.4112	0.4016

注：括号中为对应系数的 t 值；*、**、*** 分别表示在 10%、5% 和 1% 水平上显著。

为此，本书采用两期差分法进行重新估计，表 6.5 第（2）列结果显示 $TPU_{j01} \times Post02_t$ 的系数依旧显著，表明贸易政策不确定下降对企业出口结构升级起到了显著的促进作用，这与本书采用多期差分法的评估结果相一致。

6.2.3.4 排除不受非观测因素影响

本书主要采取两种方法，尽可能减轻回归过程中可能受到的非观测因素的影响。虽然在基准回归中控制了企业固定效应（Firm FE）和时间固定效应（Time FE），避免遗漏那些来自不随时间和个体企业变化的变量，降低了可能引发的回归结果偏误问题，但仍然可能存在随着时间和企业特征变化的因素，会导致估计结果产生偏误，例如，企业内部产业发展政策动态调整也可能影响企业出口结构升级。为此，首先本书在表 6.5 第（3）列还加入了行业×时间的固定效应（$\delta_k \times t$），结果显示本书的估计结果是稳健的。

其次，受到数据的限制，仍无法控制全部的非观测因素影响，本书还采用安慰剂检测方法间接检测遗漏的企业非观测特征（如产业政策变动）是否会影响估计结果。根据公式（6.7），$TPU_{j01} \times Post02_t$ 系数的估计值 $\hat{\beta}$ 的表达式如下：

$$\hat{\beta} = \beta + \gamma \frac{\mathrm{Cov}(TPU_{j01} \times Post02_t, \ \varepsilon_{jt} \mid u)}{\mathrm{Var}(TPU_{j01} \times Post02_t \mid u)} \tag{6.8}$$

其中，u 表示所有控制变量，当 $\gamma = 0$ 时，$\hat{\beta} = \beta$，表明 $\hat{\beta}$ 是无偏估计。但难点在于并不能对 γ 直接检验是否为 0，只能采用间接的方法测度 γ 的值。对此如果能用某个变量替代 $TPU_{j01} \times Post02$，并且该变量在理论上对相应 lnquality 不会产生真实影响（即意味 t 值为 0），基于该前提，再对 $\hat{t}$ 进行估计，若 $\hat{t}$ 值同样为 0，则能反推出 $\gamma = 0$。根据该思路，借鉴周茂等（2016），本书让计算机模拟贸易政策冲击，再使这个随机贸易政策过程重复 1000 次（理论上随机冲击次数越多，越接近真实情况），由于我们的政策冲击是随机的，可以预计若 $TPU_{j01} \times Post02$ 结果接近于 0 且不显著，说明贸易政策不确定性的冲击结果并非由非观测因素所驱动，在一定程度上也说明本书结论的有效性。表 6.5 第（4）列所示，$\hat{\beta}^{random}$ 的均值为 0.0067，图 6.2 模拟 1000 次以后的结

果显示 $\hat{t}^{random}$ 的概率密度分布在 0 左右，这说明确实随机的贸易政策对出口规模 $\ln quality$ 并未产生实质性的影响。

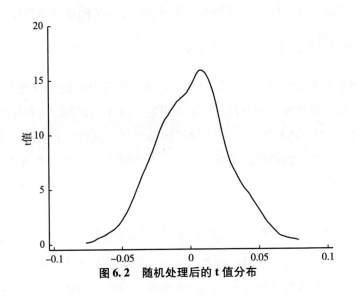

图 6.2　随机处理后的 t 值分布

6.2.3.5　变换核心变量指标

在企业出口产品质量衡量方面，借鉴周定根等（2019），改用相对产品单位价格法重新测度制造业企业出口产品质量（$quality_2$），即采用产品出口的平均单位价格衡量出口产品质量，估计结果列于表 6.5 第（5）列。由表 6.5 的第（5）列可知，贸易政策不确定性下降对企业出口产品质量起到了积极的促进作用。由此可见，本书的研究结论较为稳健，并未因企业出口产品质量的测度方法的不同而发生较大改变。

本书还改用另外两种方法刻画贸易政策不确定性：第一，借鉴毛其淋和许家云（2018），即 $TPU2_f = \tau_f^{col2} - \tau_f^{mfn}$；[①] 第二，借鉴汉德利和利马奥（Handley and Limao，2017），构建变量 $TPU3$ 来测度贸易政策不确定性，即 $TPU3_f =$

[①] 采用 HS6 位码产品的非正常贸易关系关税与最惠国关税的差值衡量贸易政策不确定性（$TPU2$）。

$1 - \left(\dfrac{\tau_f^{col2}}{\tau_f^{mfn}} \right)^{-\sigma}$。相关估计结果见表 6.5 第（6）～（7）列[1]。该结果表明贸易政策不确定性下降显著提升了企业出口产品质量，并未因改用其他贸易政策不确定性的测度方法而影响本书结论。

6.2.4 异质性检验

上文从总体上考察了贸易政策不确定性影响企业出口产品质量的平均效应，却未考虑企业、行业以及地区异质性。那么不同企业、行业以及地区的企业是否会产生区别？为了回答该问题，接下来，本书将从企业、行业以及地区三个层面，实证检验贸易政策不确定性影响企业出口产品质量的异质性，估计结果如表 6.6 所示。

6.2.4.1 企业层面的异质性

考虑到贸易政策不确定性可能对不同贸易方式企业的出口产品质量的影响有所差异，本书根据企业的贸易方式差异进行分样本回归。借鉴汪亚楠和周梦天（2017），将企业分为加工贸易企业（PTE）和一般贸易企业（OTE）；相关回归结果列于表 6.6 中第（1）～（2）列，其他控制变量的估计结果与表 6.3 相似，不作赘述。由第（1）～（2）列结果可知，贸易政策不确定性的系数显著正，表明即使区分不同贸易方式，贸易政策不确定性下降对企业出口产品质量都产生了促进影响。从估计系数看，反映出相对于加工贸易企业，一般贸易企业的贸易政策不确定性系数更高。可能的解释是，中国

---

① 相关结果已经进行贸易政策不确定性行业层面的加总。

表6.6　贸易政策不确定性对企业出口产品质量异质性影响的计量结果

变量	企业异质性		行业异质性			地区异质性	
	一般贸易	加工贸易	低端行业	中端行业	高端行业	东部	中西部
$TPU_{j01} \times Post02_t$	0.0644*** (3.16)	0.0592** (2.22)	0.0050*** (3.19)	0.0726*** (2.82)	0.1191*** (4.97)	0.0551*** (4.01)	0.0208** (2.43)
scale	0.0210*** (19.33)	0.0134*** (5.05)	0.0118*** (3.50)	0.0178*** (5.02)	0.0260*** (9.57)	0.0195*** (11.42)	0.0164*** (3.09)
sub	-0.1316*** (-2.73)	-0.0836** (2.30)	-0.1871*** (-3.12)	-0.1089* (-1.69)	-0.1013** (-2.26)	-0.0919** (-2.45)	-0.1228** (-2.17)
age	0.0080** (2.19)	0.0168*** (3.03)	0.0022** (2.39)	0.0113* (1.80)	0.0120*** (2.65)	0.0114*** (3.78)	0.0021** (2.27)
CI	0.0103*** (4.87)	0.0012* (1.59)	0.0071** (2.31)	0.0072** (2.26)	0.0088*** (3.65)	0.0071*** (4.66)	0.0119** (2.41)
IV	0.0044** (2.53)	0.0025** (2.22)	0.0154*** (5.15)	0.0082** (2.47)	0.0013 (0.70)	0.0034** (2.66)	0.0104** (2.38)
HHI	-0.0363** (-2.29)	-0.0043** (-2.21)	-0.0276** (2.00)	-0.0326*** (-3.12)	-0.0362* (-1.99)	-0.0272** (-2.11)	-0.0649* (-1.83)
outputtariff	0.0093*** (2.40)	0.0012** (2.18)	0.0051** (2.56)	0.0077* (1.81)	0.0126* (1.66)	0.0043*** (3.93)	0.0063*** (3.35)
inputtariff	-0.1059*** (-2.80)	-0.0289** (-2.65)	-0.0245*** (-2.71)	-0.0886* (-1.86)	-0.2789*** (-3.34)	-0.0564* (-2.02)	-0.1462* (-2.26)

续表

变量	企业异质性		行业异质性			地区异质性	
	一般贸易	加工贸易	低端行业	中端行业	高端行业	东部	中西部
reform	0.0030 (1.39)	0.0231*** (3.38)	0.0116** (2.37)	0.0011 (0.45)	0.0005 (0.60)	0.0004 (0.06)	0.0030 (0.26)
deregulation	0.0116* (6.72)	0.0069*** (3.63)	0.0120*** (4.65)	0.0171*** (6.51)	0.0113*** (5.89)	0.0121*** (9.52)	0.0131*** (3.37)
常数项	0.3488*** (10.92)	0.5175*** (13.09)	0.2991*** (5.65)	0.3114*** (5.60)	0.3882*** (10.62)	0.4025*** (16.77)	0.2824*** (3.66)
时间固定效应	是	是	是	是	是	是	是
企业固定效应	是	是	是	是	是	是	是
观测值（个）	238430	99165	77461	75652	128083	273532	64063
R^2	0.3192	0.3694	0.1826	0.3364	0.3132	0.3523	0.2940

注：括号中为对应系数的 t 值；*、**、***分别表示在10%、5%和1%水平上显著。

加工贸易企业主要以成本优势在全球价值链中从事简单的低附加值生产制造环节（苏丹妮等，2018），在对外贸易中往往采取低质量低价格的策略占领市场，而价格竞争容易引发市场无序竞争甚至恶性竞争，导致贸易政策不确定性下降对加工贸易企业出口产品质量的正向作用有限。

6.2.4.2　行业层面的异质性

借鉴张先锋等（2018），根据低端技术产品行业（LPI）、中端技术产品行业（MPI）以及高端技术产品行业（HPI），将样本划分为三个子样本①，回归结果列于表6.6的第（3）~（5）列。从估计结果来看，贸易政策不确定性下降对低端技术产品行业、中端技术产品行业和高端技术产品行业都产生了促进效应。从估计系数来看，低端技术产品行业的系数为0.0050，中端技术产品行业的平衡点为0.0726，高端技术产品行业的平衡点为0.1191，说明贸易政策不确定性的系数大小为：高端技术产品行业平衡点最高，中端技术产品行业次之，低端技术产品行业最小。通常而言，低端技术产品行业的进入门槛较低，其产品相似度较高，容易发生激烈的同质化竞争，导致贸易政策不确定性下降对相对低端企业出口产品质量的积极效应难以发挥。

6.2.4.3　区域层面的异质性

考虑到各地区的经济发展水平存在差异，贸易政策不确定性对企业出口产品质量的影响也可能存在地区差异。为此，借鉴邵朝对等（2016），将样本所在区域划分为东部地区和中西部地区②，估计结果汇报于表6.6。表6.6第（6）~（7）列的估计结果显示：贸易政策不确定性的系数显著为正，表明贸易政策不确定性下降对东部和中西部地区的企业出口产品质量都产生了U

---

① 根据国民经济行业划分标准（GB-T 4754—2002），低端技术行业的2位代码为：13、14、15、17、18、19、20；中端技术行业的2位代码为：21、22、23、29、30、31、32、33、34；高端技术行业的2位代码为：26、27、28、35、36、37、39、40、41。
② 东部地区为：北京、天津、山东、江苏、上海、浙江、福建、广东和海南，其余地区划分为中西部地区。

形影响。从估计系数来看，东部地区的系数为 0.0551，中西部地区的系数为 0.0208，表明相对于中西部地区，东部地区的贸易政策不确定性的系数更大。对此的解释是，相比于中西部地区，东部地区拥有更加开放的市场环境，容易降低跨境贸易的信息不对称，使得企业在面对贸易政策不确定性下降时，能够更为快速地提升自身出口产品质量。

6.2.5 推动企业出口产品质量提升的机制及检验

随着贸易政策不确定性下降会促进出口贸易大幅度增加，为了满足出口扩张需要，企业需要大量的进口中间品。为了考察中间品进口的诱发效应是否会优化企业的出口产品质量，为此，本书构建中介效应模型加以验证。

6.2.5.1 指标测度

产品质量效应（mqua）。本书采用坎德瓦尔等（Khandelwal et al.，2013）事后推理的方法来测度企业进口中间品质量，依据是给定产品的价格，认为进口量较大的产品拥有较高的质量。其中，对替代弹性（σ）的估算借鉴施炳展和邵文波（2014）的方法，σ 取值为 3。

进口中间品种类（num）。海关数据库中详细记录各企业进口产品 HS8 位代码，只需将每种产品的 HS 代码转为 BEC 代码，并筛选出中间品，其中不同的 HS 码代表一种中间品，然后将不同类型中间品的个数加总到企业层面。

进口中间品技术溢出（spill）。参照许家云等（2017）的方法[1]，首先计算出从国家 j 进口中间产品 i，国家 j 的研发投入，然后计算出每种产品进口

---

[1] $spill_{it} = \sum_{s} \dfrac{IM_{ict}}{GDP_{ct}} \times S_{ct}^{d}$，其中 $spill_{it}$ 表示企业 i 在 t 年通过中间品进口获得的研发溢出存量，IM_{ict} 表示企业 i 在 t 年从 c 进口的中间品总值，GDP_{ct} 为 c 国在 t 年的国内生产总值，S_{ct}^{d} 为 c 国第 t 年的国内研发存量，使用永续盘存法 $S_{ct}^{d} = (1-\delta)S_{ct-1}^{d} + RD_{ct}^{d}$，$\delta$ 为研发资本折旧率，RD_{ct}^{d} 为 c 国第 t 年的研发支出。

额占进口国 GDP 的比重，最后通过研发投入和进口份额就可以得出企业获得中间品溢出效应。

6.2.5.2 模型设定

接下来，本书建立如下计量模型检验贸易政策不确定性是否通过这些渠道影响企业出口产品质量：

$$Channel_{ijt} = \alpha_0 + \beta_1 TPU_{j01} \times Post02_t + \sum_{\gamma} X_{ijt} + \lambda_t + u_i + \varepsilon_{ijt} \quad (6.9)$$

其中，$Channel_{ijt}$ 为中介变量；X_{ijt} 为控制变量，与公式（6.7）相同，这里不做赘述。

首先，将产品质量效应（$mqua$）纳入公式（6.7），估计结果报告在表 6.7 第（1）列，交叉项 $TPU_{j01} \times Post02_t$ 显著为正，表明在中国加入 WTO 之后，贸易政策不确定性实质性的下降对产品质量效应产生了显著的促进作用。

接下来，构建三重差分回归模型，具体形式如公式（6.10）来进一步检验产品质量效应是否是贸易政策不确定性下降影响企业出口产品质量的渠道：

$$quality_{ijt} = \alpha_0 + \beta_1 TPU_{j01} \times Post02_t + \beta_2 TPU_{j01} \times Post02_t \times Channel_{ijt}$$
$$+ \beta_3 TPU_{j01} \times Channel_{ijt} + \beta_4 Post02_t \times Channel_{ijt} + \beta_5 Channel_{ijt}$$
$$+ \sum_{\gamma} X_{ijt} + \lambda_t + u_i + \varepsilon_{ijt} \quad (6.10)$$

将产品质量效应（$mqua$）代入公式（6.10），表 6.7 的第（2）列结果显示 $TPU_{j01} \times Post02_t \times mqua_{ijt}$ 的估计系数显著为正，表明贸易政策不确定性下降确实通过提高中间品质量效应促进了出口产品质量提升。此外，与表 6.3 第（4）列的基准回归结果相比，交乘项 $TPU_{j01} \times Post02_t$ 的估计系数值和 t 值均有所下降，可见，产品质量效应（$mqua$）确实是贸易政策不确定性下降促进企业出口产品质量的一个渠道。

其次，类似产品质量效应的检验方式，将进口中间品种类效应（num）代入公式（6.9），表 6.7 第（3）列交乘项 $TPU_{j01} \times Post02_t$ 显著为正，表明贸易政策不确定性下降显著促进了中间品进口种类的提升，接下来再将进口

表 6.7　贸易政策不确定性影响企业出口产品质量的中介效应检验结果

变量	产品质量效应 (1)	出口产品质量 Channel: 产品质量效应 (2)	产品种类效应 (3)	出口产品质量 Channel: 产品种类效应 (4)	技术溢出效应 (5)	出口产品质量 Channel: 技术溢出效应 (6)
$TPU_{j01} \times Post02_t$	0.0644*** (3.67)	0.0216*** (3.69)	0.0357*** (3.31)	0.0211*** (3.68)	0.0291*** (3.94)	0.0113*** (3.72)
$TPU_{j01} \times Post02_t \times Channel$		0.0174*** (2.62)		0.0234*** (3.02)		0.0182*** (2.62)
$TPU_{j01} \times Channel$		0.0165** (2.19)		0.0182*** (3.23)		0.0115*** (3.42)
$Post02_t \times Channel$		0.0148*** (3.96)		0.0047*** (3.93)		0.0253*** (3.46)
$Channel$		0.3744*** (6.26)		0.0044*** (5.15)		0.0775*** (11.23)
$scale$	0.0043*** (6.72)	0.0096*** (4.28)	0.1177*** (11.44)	0.0086*** (4.18)	0.1866*** (15.10)	0.0098*** (3.24)
sub	-0.0155 (-0.45)	-0.0012 (-0.78)	-1.1537 (-0.97)	-0.0035* (-1.77)	-0.0840 (-0.15)	-0.0061*** (-3.56)
age	-0.0076*** (-5.00)	-0.037*** (3.32)	-0.1550*** (-2.83)	-0.0041*** (-3.28)	-0.1895** (-2.34)	-0.0045*** (-3.23)
CI	0.0233*** (3.40)	0.0194*** (37.82)	0.0982*** (7.00)	0.0190*** (37.45)	0.0045 (2.75)	0.0281*** (37.08)

续表

变量	产品质量效应 (1)	出口产品质量 Channel：产品质量效应 (2)	产品种类效应 (3)	出口产品质量 Channel：产品种类效应 (4)	技术溢出效应 (5)	出口产品质量 Channel：技术溢出效应 (6)
IV	0.0120 *** (5.17)	0.0861 *** (5.70)	0.0125 *** (5.69)	0.0869 *** (5.14)	0.0138 * (5.85)	0.0864 *** (5.18)
HHI	-0.0645 ** (-2.13)	-0.2006 *** (-3.99)	-1.2401 *** (-4.33)	-0.2415 *** (-3.11)	-0.4764 *** (-2.91)	-0.2471 *** (-3.07)
$outputtariff$	-0.0055 *** (-2.88)	-0.0218 *** (-3.01)	-0.0715 *** (-2.67)	-0.0216 ** (-2.56)	-0.0268 *** (-2.66)	-0.0246 *** (-2.83)
$inputtariff$	-0.0013 *** (-2.66)	-0.8256 *** (-6.71)	-0.3914 *** (-3.55)	-0.8232 *** (-6.62)	-0.0195 *** (-3.59)	-0.8238 *** (-6.65)
$reform$	0.0171 * (1.88)	0.0065 ** (2.19)	0.0218 *** (3.09)	0.0082 *** (3.23)	0.0047 ** (2.57)	0.0073 *** (3.20)
$deregulation$	0.3142 *** (3.11)	0.6153 *** (6.31)	0.3142 *** (3.11)	0.6143 *** (6.30)	0.3142 *** (3.11)	0.6133 *** (6.17)
常数项	9.6502 *** (90.85)	9.0379 *** (71.40)	11.0413 *** (93.24)	10.6198 *** (78.44)	9.7760 *** (162.53)	10.6411 *** (78.61)
企业固定效应	是	是	是	是	是	是
时间固定效应	是	是	是	是	是	是
观测值（个）	265514	265514	265514	265514	265514	265514
R^2	0.0244	0.3343	0.0223	0.3251	0.0247	0.3298

注：括号中为对应系数的 t 值；*、**、*** 分别表示在 10%、5% 和 1% 水平上显著。

中间品种类效应（*num*）代入公式（6.10），表 6.7 的第（4）列结果显示 $TPU_{j01} \times Post02_t \times num_{ijt}$ 的估计系数显著为正，表明贸易政策不确定性下降通过中间品种类效应促进了出口产品质量的增加。此外，与表 6.3 第（4）列的基准回归结果相比，在加入进口中间品种类（*num*）变量之后，$TPU_{j01} \times Post02_t$ 的估计系数值和 t 值均有所下降，可见，进口中间品种类（*num*）是贸易政策不确定性下降促进企业出口产品质量的一个渠道。

最后，将进口中间品技术溢出效应（*spill*）代入公式（6.9），表 6.7 第（5）列的结果表明贸易政策不确定性下降显著促进了进口中间品技术溢出效应的提升，接下来再将进口中间品技术溢出（*spill*）代入公式（6.10），表 6.7 的第（6）列结果显示 $TPU_{j01} \times Post02_t \times spill_{ijt}$ 的估计系数显著为正，表明贸易政策不确定性下降通过提高进口中间品技术溢出（*spill*）促进了出口产品质量的提高。此外，与表 6.3 第（4）列的基准回归结果相比 $TPU_{j01} \times Post02_t$ 的估计系数值和 t 值均有所下降，可见，进口中间品技术溢出（*spill*）也是贸易政策不确定性下降促进企业出口产品质量的一个渠道。

6.3 本章小结

首先，对被解释变量企业出口产品质量、解释变量贸易政策不确定性以及控制变量进行描述性统计，发现贸易政策不确定性下降和中国出口产品质量具有明显的时间变化特点，即 2001 年中国加入 WTO 后，贸易政策不确定性的下降导致中国出口产品质量迅速提升。其次，选取贸易政策不确定性指数，以及 2000~2007 年中国海关数据库和中国工业企业数据，构建计量经济模型考察贸易政策不确定性对企业出口产品质量的影响，实证检验显示，贸易政策不确定性下降显著促进了企业出口产品质量的增加，在一定程度上验证了理论模型的预测，这一结果在一系列的稳健性检验后，如识别假设检验、更换贸易政策不确定性和企业出口产品质量的测度方法后依然成立。再其次，考察了贸易政策不确定性影响企业出口产品质量的异质性，基于异质性企业的检验结果显示：贸易政策不确定性的下降有利于一般贸易企业、高技术行业企业以及东部地区企业的出口产品质量的扩张。最后，从中间品进口的诱发效应考察了贸易政策不确定性下降对企业出口产品质量的影响，结果显示，贸易政策不确定性的下降有利于产品质量效应、产品种类效应以及技术溢出效应的发挥促进企业出口产品质量的提升。

第 7 章

贸易政策不确定性影响企业
加成率的实证检验

首先，对贸易政策不确定性、企业加成率以及可能影响企业加成率的控制变量进行描述性统计分析，揭示了不同行业间贸易政策不确定性和企业加成率的分布特点。接下来，基于第 3 章关于贸易政策不确定性与企业加成率的理论分析和理论模型，本章选取 2000～2007 年中国海关数据库和中国工业企业数据，构建计量经济模型检验贸易政策不确定性对企业加成率的影响，旨在验证相关理论模型的预测性和解释力。为了保证研究结论的可靠性与稳健性，通过识别假设检验、稳健性检验，具体包括同趋势假设检验、预期效应检验、添加产业趋势项以及更换主要变量以尽可能减少研究过程中可能产生的内生性问题，进一步地，引入企业异质性分样本检验和中介效应检验，以便深入考察贸易政策不确定性的异质性影响，以及贸易政策不确定性究竟如何对企业加成率产生影响。

7.1 研 究 设 计

7.1.1 数据来源与处理

为了研究贸易政策不确定性与企业出口产品质量之间的关系，本书主要使用微观企业数据、美国进口关税数据和企业出口产品数据。样本期为 2000 ~ 2007 年，仅保留我国向美国出口产品的制造业企业。

第一，基于 2000 ~ 2007 年的中国工业企业数据库，并且参照勃兰特（Brandt et al.，2012）、聂辉华等（2012）以及陆和虞（Lu and Yu，2015），删除数据库中中间品投入、总资产、员工数等的异常数据。

第二，基于 2000 ~ 2007 年的中国海关数据库，参考施炳展（2013），删除数据库的异常数据，包括：一是，企业名称、出口目的国以及产品名称缺失的样本；二是，交易异常的样本，规模低于 50 美元以及单位数量小于 1。参考虞（Yu，2015），将工业企业数据库与海关数据库合并，利用合并后的数据库计算企业层面的出口技术复杂度，删除缺失的样本，最终获得 319200 个有效观测值[①]。

第三，基于 WTO 网站子项目 "Tarriff Downlad Facility" 中国进口关税数据，以及芬斯特拉（Feenstra，2002）整理的美国 HS6 位层面的斯姆特－霍利关税，将所有涉及的数据都经过 HS6 位码转换成 HS96 标准。

---

① 此外我们还将海关贸易数据库中的企业名称中包含 "进出口" "经贸" "贸易" "科贸" "外经" 等字样的企业归属为贸易中间商的样本删除。由于贸易中间商与其他制造业企业在进出口动机、生产行为等方面存在显著差异，为了得到准确的研究结论，我们进一步删除了贸易中间商样本。

7.1.2 变量定义

7.1.2.1 被解释变量

企业加成率（*markup*）。借鉴德洛克等（De Loecker et al.，2016），引入生产函数来构建指标，具体的计算方法如下：

$$q_{it} = q_{it}(X_{it}^1, \cdots, X_{it}^V, K_{it}, \omega_{it}) \tag{7.1}$$

其中，q_{it}、X_{it}、K_{it} 和 ω_{it} 分别表示企业产出、可变投入要素 V 的投入量、企业资本存量以及企业生产率。可变投入要素可以是劳动力、中间品投入等形式。

在成本最小化的目标下，建立拉格朗日方程：

$$L(X_{it}^1, \cdots, X_{it}^V, K_{it}, \lambda_{it}) = \sum_{V=1}^{V} P_{it}^{XV} X_{it}^V + r_{it} K_{it} + \lambda_{it}[q_{it} - q_{it}(\cdot)] \tag{7.2}$$

其中，P_{it}^{XV} 和 r_{it} 分别表示可变要素投入 V 和资本投入 K 的价格。对公式（7.2）求可变要素投入的一阶导数：

$$\frac{\partial L_{it}}{\partial X_{it}^V} = P_{it}^{XV} - \lambda_{it} \frac{\partial q_{it}(\cdot)}{\partial X_{it}^V} = 0 \tag{7.3}$$

其中，λ_{it} 表示既定产出水平下的边际成本，$\lambda_{it} = \frac{\partial L_{it}}{\partial q_{it}}$，对公式（7.3）进行变换且等式左右两边同时乘以 $\frac{X_{it}^V}{q_{it}}$，可得：

$$\frac{\partial q_{it}(\cdot)}{\partial X_{it}^V} \times \frac{X_{it}^V}{q_{it}} = \frac{1}{\lambda_{it}} \times \frac{P_{it}^{XV} X_{it}^V}{q_{it}} \tag{7.4}$$

为了得到企业的加成率，我们定企业加成率为产品价格与边际成本的比值。用 $\mu_{it} = P_{it}/\lambda_{it}$ 表示，并将 μ_{it} 代入公式（7.4）中，可得：

$$\theta_{it}^X = \mu_{it} \frac{P_{it}^{XV} X_{it}^V}{P_{it} q_{it}} \tag{7.5}$$

其中，$\theta_{it}^X = \frac{\partial q_{it}(\cdot)}{\partial X_{it}^V} \times \frac{X_{it}^V}{q_{it}}$ 表示可变投入要素的产出弹性，$\frac{P_{it}^{XV} X_{it}^V}{P_{it} q_{it}}$ 表示对可变投

入要素的支出部分，用 α_{it}^X 表示。那么公式（7.5）可以化简为：

$$\mu_{it} = \frac{\theta_{it}^X}{\alpha_{it}^X} \qquad (7.6)$$

其中，μ_{it} 就是我们需要求的企业加成率①。

7.1.2.2　核心解释变量

贸易政策不确定性（TPU），借鉴毛其淋和许家云（2018），首先计算产品层面的贸易政策不确定性，测算公式如下：

$$TPU_f = \ln\left(\frac{\tau_f^{col2}}{\tau_f^{mfn}}\right) \qquad (7.7)$$

其中，τ_f^{col2} 为 2001 年美国对非正常贸易国施加的产品 f 关税水平，即斯姆特 – 霍利关税；τ_f^{mfn} 为 2001 年美国对产品 f 征收 MFN 的关税②。

7.1.2.3　控制变量

这里的控制变量与第 4 章相同，包括企业规模（*scale*）、政府补贴（*sub*）、企业年龄（*age*）、资本密集度（*CI*）、最终品进口关税（*outputtariff*）、中间品进口关税（*inputtariff*）、行业总规模（*IV*）、赫芬达尔指数（*HHI*）、国有企业改革（*reform*）、放松外资管制（*deregulation*），其余变量定义如表 7.1 所示。具体的计算方法这里不做赘述。

---

① 借鉴德洛克等（De Loecker et al.，2016）研究，可变投入要素 *V* 以劳动投入量表示，产出弹性用 LP 方法进行估计，支出份额利用工业企业数据库的统计指标，根据公式（应付工资总额 + 应付福利总额）/主营业务收入进行计算。

② 需要说明的是，上述测算得到的均是 HS6 位码层面的贸易政策不确定性指数。为了研究的需要，本书进一步将它们加总到工业行业分类 4 位码层面。具体步骤为：首先将 HS6 位码产品对应到中国工业行业分类 4 位码（CIC4 位码），然后对每个行业内产品层面的 TPU 指数进行简单平均，即可得到行业层面的贸易政策不确定性指标。

表 7.1   变量定义

变量号	变量名称	变量测度方法
*markup*1	企业加成率	采用生产函数法计算
*markup*2	企业加成率	采用会计法计算

注：解释变量和控制变量的测度方法与第 4 章相同，这里不再赘述。

7.1.3 计量模型设定

为实证考察贸易政策不确定性对中国企业加成率的影响，借鉴毛其淋（2020），构建计量模型如下：

$$markup_{ijt} = \alpha_0 + \beta_1 TPU_{j01} \times Post02_t + \sum_{\gamma} X_{ijt} + \lambda_t + u_i + \varepsilon_{ijt} \qquad (7.8)$$

其中，下标 i、j、t 分别代表企业、行业和年份；$markup_{ijt}$ 为被解释变量，表示企业 i 在 t 期的加成率；TPU_{j01} 为 2001 年行业层面的关税差额，表征中国加入 WTO 之前面临的贸易政策不确定性程度。$Post02_t$ 为政策实施虚拟变量，若 $t \geq 2002$，则该虚拟变量取 1，否则取 0。交叉项 $TPU_{j01} \times Post02_t$ 为本书最为关注的，β_1 衡量了高关税差额（即高 TPU）行业与低关税差额（即低 TPU）行业中企业加成率在中国加入 WTO 前后的平均差异。若 $\beta_1 > 0$，说明贸易政策不确定性下降对企业加成率产生正向影响；若 $\beta_1 < 0$，说明贸易政策不确定性下降不利于企业加成率的提升；若 $\beta_1 = 0$，则贸易政策不确定性下降影响不明显。X_{ijt} 为可能影响企业加成率的控制变量的集合，包括企业规模（*scale*）、政府补贴（*sub*）、企业年龄（*age*）、资本密集度（*CI*）、最终品进口关税（*outputtariff*）、中间品进口关税（*inputtariff*）、行业总规模（*IV*）、赫芬达尔指数（*HHI*）、国有企业改革（*reform*）、放松外资管制（*deregulation*）；λ_t 和 u_i 分别表示时间固定效应和企业固定效应；ε_{ijt} 为扰动项。

7.2 结果分析

7.2.1 描述性统计

7.2.1.1 各变量的统计特征

表 7.2 呈现了各变量，包含被解释变量（*markup*）、解释变量（*TPU*）以及控制变量的统计特征。首先来看企业加成率，标准差为 0.91，说明样本内企业的加成率的分布较为集中，从贸易政策不确定性来看，其分布特征以及均值与本书第 4 章类似。其次，从控制变量看，企业规模（*scale*）、政府补贴（*sub*）、企业年龄（*age*）、资本密集度（*CI*）、最终品进口关税（*outputtariff*）、中间品进口关税（*inputtariff*）、行业总规模（*IV*）、赫芬达尔指数（*HHI*）、国有企业改革（*reform*）、放松外资管制（*deregulation*）的分布特征与均值也类似于第 4 章，未见异常值，这里不做赘述。

表 7.2　　　　　　　　　　　　**变量的描述性统计**

变量	观测值（个）	均值	标准差	最小值	最大值
markup	319200	1.78	0.91	0.11	3.18
TPU	319200	2.37	0.41	0.98	3.54
scale	286263	5.63	1.13	0.00	12.53
sub	319200	0.47	0.49	0.00	1.00
age	317608	2.16	0.64	0.00	5.13
CI	269671	3.65	1.41	-6.80	12.94
IV	249860	15.80	1.99	5.01	20.42
HHI	319200	0.06	0.09	0.00	1.00

续表

变量	观测值（个）	均值	标准差	最小值	最大值
inputtariff	319200	0.21	0.13	0.02	0.41
outputtariff	319200	0.15	0.11	0.00	0.78
reform	241799	0.47	0.46	−0.22	21.33
deregulation	319200	9.29	0.27	8.49	9.70

7.2.1.2 企业加成率走势分析

如图 7.1 所示，在 2000～2001 年中国加入 WTO 之前，实验组和对照组的加成率变动整体保持一致，而 2002～2007 年中国加入 WTO 之后实验组（低贸易政策不确定性的企业）的加成率提升程度快于对照组（高贸易政策不确定性的企业），并且两者之间的差距逐步拉大。具体而言，加入 WTO 后，2001～2005 年对照组（高 *TPU* 的企业）的加成率有小幅度的下降趋势，但总体上仍然保持平稳，2005～2007 年出现下降趋势。反观 2001～2005 年

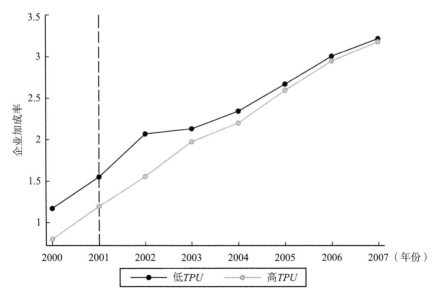

图 7.1　2001 年中国加入 WTO 前后企业的加成率变化情况

实验组（低 *TPU* 的企业）加成率相对保持平稳，2005～2007 年却呈现明显提升。这表明中国加入 WTO 政策实施后，遭受政策冲击的实验组（低 *TPU* 的企业）的加成率要比未遭受政策冲击的对照组（高 *TPU* 的企业）的加成率平均增长得多，因而中国加入 WTO 后，贸易政策不确定下降对企业的加成率存在正向影响。这在一定程度上也可以表明企业加成率的提升并不是由贸易政策不确定性下降以外的其他因素导致的，即满足同趋势假定，这是使用双重差分法最为关键的前提假定之一（毛其淋，2020；周茂等，2018）。

7.2.2 基准回归结果

表 7.3 报告了贸易政策不确定性与企业加成率的基准回归结果。表 7.3 第（1）列仅考虑核心解释变量，可见贸易政策不确定性（*TPU*）的估计系数为 0.0390，在 1% 的水平上显著为正，表明贸易政策不确定性下降有助于提升企业加成率。

表 7.3　　　　贸易政策不确定性与企业加成率的基准估计结果

变量	（1）	（2）	（3）	（4）
$TPU_{j01} \times Post02_t$	0.0390 *** (3.54)	0.0183 *** (3.94)	0.0132 *** (3.27)	0.0271 *** (3.15)
scale		0.3769 *** (5.79)	0.4447 *** (6.80)	0.4414 *** (5.68)
sub		−0.1974 *** (−3.82)	−0.2001 *** (−3.94)	−0.1979 *** (−3.90)
age		0.0364 *** (6.59)	0.0324 *** (5.96)	0.0328 *** (6.04)
CI		0.1905 *** (6.33)	0.1895 *** (5.33)	0.1892 *** (5.25)
IV			0.0358 *** (5.51)	0.0347 *** (5.71)

续表

变量	(1)	(2)	(3)	(4)
HHI			− 0.1320 *** (− 3.61)	− 0.1330 *** (− 3.69)
outputtariff			− 0.0133 * (− 1.77)	− 0.0114 * (− 1.85)
inputtariff			− 0.0041 * (− 1.91)	− 0.0030 * (− 1.85)
reform				0.0364 *** (5.01)
deregulation				0.0067 *** (2.78)
常数项	6.0145 *** (255.26)	2.1353 *** (41.58)	2.1397 *** (42.38)	2.1791 *** (42.65)
企业固定效应	是	是	是	是
时间固定效应	是	是	是	是
观测值（个）	319200	319200	319200	319200
R^2	0.8245	0.8399	0.8510	0.8696

注：括号中为对应系数的 t 值；＊、＊＊、＊＊＊分别表示在 10%、5% 和 1% 水平上显著。

　　表 7.3 第（2）列加入了企业层面的控制变量，企业规模（*scale*）的估计系数为 0.3769，且在 1% 的水平上显著为正，表明企业规模越大，企业加成率越高；政府补贴（*sub*）的估计系数显著为负，可能是由于政府补贴会影响市场机制的作用，相关文献指出市场机制有利于企业加成率的提高（Lu and Yu，2015）；企业年龄（*age*）的估计系数为正，反映企业经营时间与企业加成率为正向关系，可能是由于企业在生产过程当中逐步积累了经验，产品的成本控制能力得到提升；资本密集度（*CI*）的估计系数显著为正，说明资本密集度的提升有利于促进加成率的提高，可能的解释是企业能够提供更多资金支持研发，进而促进加成率的增加。

　　表 7.3 第（3）列分别加入了行业层面的控制变量。中间品关税水平

（*inputtariff*）对企业加成率的影响显著为负，表明中间品关税水平下降有助于提高企业的加成率，可能的原因是企业进口中间品关税的降低，能够促进企业研发能力的提升，从而提升了加成率。最终品关税（*outputtariff*）对企业加成率的影响显著为负，表明最终品关税水平的下降有利于提高企业的加成率。较多文献认为最终品关税的下降有利于国内形成竞争效应，进而提高企业的加成率。行业总规模（*IV*）的估计系数显著为正，说明行业规模有利于促进加成率的提升，对此的解释是随着行业规模的扩大，有利于企业间技术交流、配套共享，进而提升加成率。赫芬达尔指数（*HHI*）的估计系数显著为负，说明行业垄断会抑制加成率的提升。

表7.3第（4）列进一步纳入了政策层面控制变量即国有企业改革（*reform*）和放松外资管制（*deregulation*）。从回归结果看，国有企业改革（*reform*）和放松外资管制（*deregulation*）的估计系数分别为 0.0364 和 0.0067，且均在1%水平显著，说明国有企业改革和放松外资管制均对加成率的提升起到的正面作用。

与表7.3第（1）列相比，第（2）~（4）列中核心解释变量：交叉项 $TPU_{j01} \times Post02_t$ 的估计系数的符号方向和显著性水平均未发生变化，反映出即使控制众多因素，研究结论依然保持较好的稳定性。由此，贸易政策不确定性下降对企业加成率有着显著的促进作用。

7.2.3　稳健性检验

7.2.3.1　同趋势假设检验

双重差分法虽然能够较好地解决贸易政策冲击评估产生内生性问题，但采用双重差分法的重要前提为平行趋势假设，即假定处理组在未受到处理情况下的变化趋势与控制组相同。为此，本书将 $TPU_{j01} \times Post02_t$ 替换为 $TPU_{j01} \times year$，$year$ 如表7.4第（1）列所示是一个虚拟变量（即 $\sum_{t=2001}^{2007} TPU_{j01} \times$

$year_t$）。$TPU_{j01} \times year_t$ 的系数在 2001 年之前不显著，但 2001 年之后的系数显著为正，表明实验组和对照组在 2001 年前的趋势相同。

表 7.4 同趋势假设检验

变量	共同趋势（1）
$TPU_{j01} \times year2001$	−0.0031 （−0.13）
$TPU_{j01} \times year2002$	0.0143*** （2.88）
$TPU_{j01} \times year2003$	0.0157*** （2.76）
$TPU_{j01} \times year2004$	0.0168*** （3.03）
$TPU_{j01} \times year2005$	0.0174*** （3.12）
$TPU_{j01} \times year2006$	0.0216*** （3.37）
$TPU_{j01} \times year2007$	0.0287*** （3.79）
常数项	10.2423*** （15.85）
控制变量	是
企业固定效应	是
时间固定效应	是
观测值（个）	319200
R^2	0.8723

注：括号中为对应系数的 t 值；*、**、*** 分别表示在 10%、5% 和 1% 水平上显著。控制变量包含企业规模（scale）、政府补贴（sub）、企业年龄（age）、资本密集度（CI）、最终品进口关税（outputtariff）、中间品进口关税（inputtariff）、行业总规模（IV）、赫芬达尔指数（HHI）、国有企业改革（reform）、放松外资管制（deregulation）。

7.2.3.2 预期效应

使用双重差分法估计贸易政策不确定性下降对企业出口规模的影响过程中，能够避免预期效应的干扰是重要前提，其原因在于若存在预期效应，那么 $TPU_{j01} \times Post02_t$ 可能并不是由政策实行引起的，换言之，双重差分法的结果是错误的，为了检验是否存在预期效应，我们在估计中进一步加入 $TPU_{j01} \times D01$ 项，$D01$ 为 2001 年即贸易政策冲击前一年的虚拟变量，如表 7.5 第（1）列所示，$TPU_{j01} \times D01$ 交叉项系数很小且不显著，说明预期效应不存在，同时我们还观察到表 7.5 第（1）列，本书关注的变量 $TPU_{j01} \times Post02_t$ 系数和显著性与基准结果表 7.3 第（4）列相比也没有发生实质性的改变。据此，我们排除了预期效应的存在。

7.2.3.3 两期差分法

到目前为止，本书采用多期差分法来评估贸易政策不确定性对出口规模的影响，然而伯特兰等（Bertrand et al.，2004）、周茂等（2016）指出使用多期双重差分法可能存在序列相关问题从而会夸大 $TPU_{j01} \times Post02_t$ 的系数。为此，本书采用两期差分法进行重新估计，表 7.5 第（2）列结果显示 $TPU_{j01} \times Post02_t$ 的系数依旧显著，表明贸易政策不确定下降对企业出口结构升级起到了显著的促进作用，这与本书采用多期差分法的评估结果相一致。

7.2.3.4 排除不受非观测因素影响

本书主要采取两种方法，尽可能减轻回归过程中可能受到的非观测因素的影响。虽然在基准回归中控制了企业固定效应（Firm FE）和时间固定效应（Time FE），避免遗漏那些来自不随时间和个体企业变化的变量，降低了可能引发的回归结果偏误问题，但仍然可能存在随着时间和企业特征变化的因素，仍会导致估计结果产生偏误，如企业内部产业发展政策动态调整也可能影响企业出口结构升级。为此，首先本书在表 7.5 第（3）列还加入了行业×时间的固定效应（$\delta_k \times t$），第（3）列结果显示本书的估计结果是稳健的。

其次，受到数据的限制，仍无法控制全部的非观测因素影响，本书还采用安慰剂检测方法间接检测遗漏的企业非观测特征（如产业政策变动）是否会影响估计结果。根据公式（7.8），$TPU_{j01} \times Post02_t$ 系数的估计值 $\hat{\beta}$ 的表达式如下：

$$\hat{\beta} = \beta + \gamma \frac{\mathrm{Cov}(TPU_{j01} \times Post02_t, \ \varepsilon_{jt} \mid u)}{\mathrm{Var}(TPU_{j01} \times Post02_t \mid u)} \tag{7.9}$$

其中，u 表示所有控制变量，当 $\gamma = 0$ 时，$\hat{\beta} = \beta$，表明 $\hat{\beta}$ 是无偏估计。但难点在于并不能对 γ 直接检验是否为 0，只能采用间接的方法测度 γ 的值。对此如果能用某个变量替代 $TPU_{j01} \times Post02$，并且该变量在理论上对相应 lnquality 不会产生真实影响（即意味 t 值为 0），基于该前提，再对 $\hat{t}$ 进行估计，若 $\hat{t}$ 值同样为 0，则能反推出 $\gamma = 0$。根据该思路，借鉴周茂等（2016），本书让计算机模拟贸易政策冲击，再使这个随机贸易政策过程重复 1000 次（理论上随机冲击次数越多，越接近真实情况），由于我们的政策冲击是随机的，可以预计若 $TPU_{j01} \times Post02$ 结果接近于 0 且不显著，说明贸易政策不确定性的冲击结果并非由非观测因素所驱动，在一定程度上也说明本书结论的有效性。表 7.5 第（4）列所示，$\hat{\beta}^{random}$ 的均值为 0.0161，图 7.2 模拟 1000 次以后的结

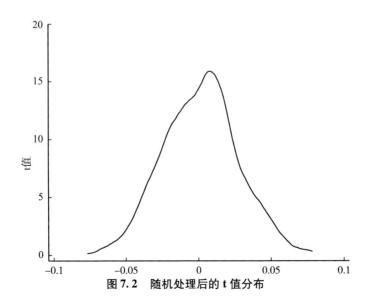

图 7.2　随机处理后的 t 值分布

果显示 $\hat{i}^{random}$ 的概率密度分布在 0 左右，这说明确实随机的贸易政策对出口规模 lnquality 并未产生实质性的影响。

7.2.3.5 变换核心变量指标

在企业加成率衡量方面，借鉴盛丹和王永进（2012），改用会计法重新测度企业加成率（$markup_2$），估计结果列于表7.5第（5）列。由表7.5的第（5）列可知，贸易政策不确定性下降对企业加成率起到了积极的促进作用。由此可见，本书的研究结论较为稳健，并未因企业加成率的测度方法的不同而发生较大改变。

本书还改用另外两种方法刻画贸易政策不确定性：第一，借鉴毛其淋和许家云（2018），即 $TPU2_f = \tau_f^{col2} - \tau_f^{mfn}$①；第二，借鉴汉德利和利马奥（Handley and Limao，2017），构建变量 $TPU3$ 来测度贸易政策不确定性，即 $TPU3_f = 1 - \left(\dfrac{\tau_f^{col2}}{\tau_f^{mfn}}\right)^{-\sigma}$。相关估计结果见表7.5第（6）~（7）列②。该结果表明贸易政策不确定性下降显著提升了企业加成率，并未因改用其他贸易政策不确定性的测度方法而影响本书结论。

7.2.4 异质性检验

上文从总体上考察了贸易政策不确定性影响企业加成率的平均效应，却未考虑贸易方式、所有制类型以及技术水平异质性。那么不同贸易方式、所有制类型以及技术水平的企业是否会产生区别？为了回答该问题，接下来，本书将从贸易方式、企业类型以及技术水平三个层面，实证检验贸易政策不确定性影响企业加成率的异质性，估计结果如表7.6所示。

---

① 采用HS6位码产品的非正常贸易关系关税与最惠国关税的差值衡量贸易政策不确定性（$TPU2$）。

② 相关结果已经进行贸易政策不确定性行业层面的加总。

表 7.5　稳健性检验的计量结果

变量	预期效应 (1)	两期差分法 (2)	控制企业× 时间固定效应 (3)	排除非观测因素 (4)	$markup_2$ (5)	TPU2 (6)	TPU3 (7)
$TPU_{j01} \times Post02_t$	0.0262*** (3.10)	0.0332*** (5.56)	0.0283*** (7.47)	0.0161 (0.03)	0.0377*** (4.18)	0.0239*** (4.41)	0.0512*** (4.05)
$TPU_{j01} \times D01$	0.0027 (0.52)						
$scale$	0.4264*** (7.43)	0.4288*** (6.97)	0.0040* (1.83)	0.5651*** (5.01)	0.5665*** (5.21)	0.0324*** (5.80)	0.0694*** (12.94)
sub	-0.1888*** (-2.99)	-0.1815*** (-2.88)	-0.0563** (-2.33)	-0.4735*** (-7.62)	-0.2563*** (-2.99)	-0.2599*** (-3.03)	-0.0023** (-2.33)
age	0.0253*** (3.65)	0.0233*** (3.31)	0.0077*** (3.01)	0.0639*** (8.64)	0.0115*** (4.01)	0.1145*** (3.81)	0.0045*** (3.02)
CI	0.1859*** (4.82)	0.1887*** (4.86)	0.0083*** (6.05)	0.2492*** (27.99)	0.2317*** (7.26)	0.2353*** (7.26)	0.0645*** (3.57)
IV	0.0354*** (5.00)	0.0354*** (5.03)	0.0319*** (4.85)	0.0268*** (7.77)	0.0311*** (11.46)	0.0210*** (11.44)	0.0221*** (5.17)
HHI	-0.1360*** (-4.26)	-0.1305*** (-4.20)	-0.2030*** (-3.75)	-0.4962*** (-12.62)	-0.5144*** (-6.44)	-0.5286*** (-6.51)	-0.2760*** (-4.66)
$outputtariff$	-0.1183*** (-3.41)	-0.1130*** (-3.26)	-0.0146 (-1.55)	-0.0717*** (-4.08)	-0.1980*** (-13.19)	-0.2445*** (-16.03)	-0.0675*** (-11.86)

续表

变量	预期效应 (1)	两期差分法 (2)	控制企业× 时间固定效应 (3)	排除非观测因素 (4)	markup₂ (5)	TPU2 (6)	TPU3 (7)
$inputtariff$	-0.0026 (-1.15)	-0.0037 (-1.59)	-0.0028*** (-3.64)	-0.0075*** (-5.13)	-0.0079*** (-8.01)	-0.0102*** (-10.87)	-0.9040*** (-8.44)
$reform$	0.0428** (1.97)	0.0414* (1.88)	0.0404* (1.83)	0.0424* (1.83)	0.0428** (1.97)	0.0049*** (3.14)	0.0016 (1.39)
$deregulation$	0.0770** (2.20)	0.0470** (2.21)	0.0203*** (2.75)	0.0301** (2.11)	0.0770** (2.20)	0.0186** (2.04)	0.0125** (2.17)
常数项	0.3821*** (16.02)	0.3042*** (16.34)	2.0190*** (16.58)	0.3428*** (16.87)	0.3962*** (16.92)	0.4267*** (19.51)	6.1789*** (9.16)
企业固定效应	是	是	是	是	是	是	是
时间固定效应	是	是	是	是	是	是	是
观测值（个）	234256	92624	234256	234256	203543	234256	234256
R^2	0.8563	0.8557	0.8102	0.8955	0.8955	0.7955	0.8955

注：括号中为对应系数的 t 值；*、**、*** 分别表示在 10%、5% 和 1% 水平上显著。

表 7.6　贸易政策不确定性对企业加成率异质性影响的计量结果

变量	贸易方式		所有制类型			技术水平等级		
	一般贸易 (1)	加工贸易 (2)	国有企业 (3)	私营企业 (4)	外资企业 (5)	低技术 (6)	中等技术 (7)	高技术 (8)
$TPU_{j01} \times Post02_t$	0.4266*** (4.25)	0.0340*** (4.21)	0.0118*** (2.79)	0.3267*** (2.99)	0.1847*** (2.94)	0.0668*** (4.24)	0.1181*** (2.79)	0.2259*** (3.24)
scale	0.3302** (2.31)	0.3564*** (3.71)	0.3733*** (3.37)	0.3484*** (3.35)	0.3194*** (3.93)	0.2735*** (4.48)	0.3402*** (3.91)	0.3308*** (4.41)
sub	-0.5961*** (-5.46)	-0.8840*** (-3.24)	-4.0523*** (-6.58)	-1.357* (1.64)	-4.0523*** (-6.58)	-2.9901*** (-2.65)	-2.6617*** (-3.74)	-0.6386** (-5.72)
age	0.0560*** (3.67)	0.1644*** (9.37)	0.0042*** (2.58)	0.0011 (0.81)	0.0588*** (3.11)	0.0641** (2.08)	0.0930*** (5.63)	0.0717*** (8.85)
CI	0.1302** (1.98)	0.5712*** (5.41)	0.4544*** (2.89)	0.1513*** (2.83)	0.3618** (2.42)	0.3074*** (4.13)	0.2177*** (3.10)	0.2038*** (2.91)
IV	0.1117*** (3.06)	0.0672* (6.79)	0.0517*** (3.14)	0.1579*** (14.17)	0.0659*** (10.30)	0.1092*** (5.19)	0.0737*** (6.79)	0.0842*** (16.03)
HHI	-0.0242*** (-6.14)	-0.0406*** (-3.18)	-0.0053* (-1.92)	-0.0978*** (-5.81)	-0.0313** (-2.22)	-0.1264** (-1.96)	-0.1334*** (-3.52)	-0.0354* (-1.82)
outputtariff	-0.0053** (-2.38)	-0.0057** (-2.46)	-0.0099* (1.70)	-0.0006* (-1.87)	-0.0059** (-2.41)	-0.0036* (1.61)	-0.0085** (-2.05)	-0.0050** (-2.54)
inputtariff	-0.0041** (-1.96)	-0.0024** (-2.07)	-0.0056* (-1.64)	-0.0026* (-1.83)	-0.0038* (-1.78)	-0.0014* (-1.66)	-0.0156** (-2.05)	-0.0006 (-1.39)

续表

变量	贸易方式		所有制类型			技术水平等级		
	一般贸易 (1)	加工贸易 (2)	国有企业 (3)	私营企业 (4)	外资企业 (5)	低技术 (6)	中等技术 (7)	高技术 (8)
reform	0.0054*** (5.00)	0.0054*** (5.03)	0.0319*** (4.85)	0.0311*** (11.46)	0.0268*** (7.77)	0.0210*** (11.44)	0.0354*** (5.00)	0.0354*** (5.03)
deregulation	0.0301*** (17.51)	0.0366*** (5.61)	0.0278 (9.07)	0.0325*** (11.83)	0.0314*** (13.89)	0.0277*** (4.30)	0.0271*** (8.30)	0.0308*** (3.17)
常数项	3.528*** (76.05)	2.9234*** (35.31)	3.1815*** (29.91)	3.5069*** (48.95)	3.3723*** (71.34)	4.0632* (29.03)	3.2271*** (43.06)	3.4528*** (95.36)
时间固定效应	是	是	是	是	是	是	是	是
企业固定效应	是	是	是	是	是	是	是	是
观测值（个）	162918	71956	31035	46084	157791	62916	56430	89683
R^2	0.8163	0.8185	0.7240	0.0237	0.8274	0.7176	0.6309	0.8240

注：括号中为对应系数的 t 值；*、**、***分别表示在 10%、5% 和 1% 水平上显著。

7.2.4.1 贸易方式层面的异质性

将样本按照贸易方式划分为加工贸易企业（*PTE*）和一般贸易企业（*OTE*），估计结果列于表 7.6 的第（1）~（2）列。从估计结果来看，中美贸易政策不确定性（*TPU*）的交叉项系数都显著为正，表明无论加工贸易企业还是一般贸易企业，中美贸易政策不确定性下降都促进了其加成率的提升。从中美贸易政策不确定性的平均效应来看，一般贸易企业为 0.4266，加工贸易企业为 0.0340，反映出相对于加工贸易型企业，贸易政策不确定性下降对一般贸易型企业加成率的促进效果更好。其可能的原因是相对于一般贸易型企业，中国的加工贸易企业主要从事初加工和生产技术含量低的产品，进入门槛较低，以至于大量的低生产率加工贸易企业集聚进入出口市场。因此加工贸易企业的加成率对贸易政策不确定性下降的敏感度要低于一般贸易企业。

7.2.4.2 所有制类型层面的异质性

借鉴瓜里格里亚等（Guariglia et al.，2011），按照各类资本占实收资本的比例确定国有企业（*SOE*）、私营企业（*POE*）和外资企业（*FOE*），估计结果列于表 7.6 的第（3）~（5）列。估计结果显示，贸易政策不确定性（*TPU*）的交叉项系数显著为正，表明贸易政策不确定下降对企业加成率的影响并未因所有制的变化而变化。从贸易政策不确定性的平均效应看，国有企业为 0.0118，私营企业为 0.3267，外资企业为 0.1847，表明贸易政策不确定性下降对私营企业加成率的提升最大，外资企业次之，国有企业最小。一般来说，国有企业容易获取垄断利润，往往存在效率损失，况且其经营目标相对多元化，承担着促进公共就业、扶贫等社会责任，对贸易政策环境变化的反应没有私营企业、外资企业灵活，而私营企业大多是中小企业，对贸易政策不确定性更为敏感，因此贸易政策不确定性下降对其加成率的提升会相对高些。

7.2.4.3　技术水平等级层面的异质性

借鉴李力行和申广军（2015），根据低技术行业（*LTI*）、中等技术行业（*MTI*）以及高技术行业（*HTI*），将行业按照加成率划分为三个样本①，估计结果列于表 7.6 的第（6）~（8）列。其中，贸易政策不确定性（*TPU*）的交叉项系数显著为正，说明贸易政策不确定性下降对这些行业的加成率都具有促进作用。从贸易政策不确定性的平均效应来看，低技术行业为 0.0668，中等技术行业为 0.1181，高技术行业为 0.2259，说明贸易政策不确定性下降对高技术行业影响最大，中等技术行业次之，低技术行业最小。相比于低技术和中等技术企业，高技术行业的企业，更加依赖关键零部件进口，并且其对中间品的进口需求容易受到贸易政策的影响，因而高技术行业企业的加成率对贸易政策不确定性更为敏感。

7.2.5　推动企业加成率提升的机制及检验

随着贸易政策不确定性下降会促进企业研发（Liu and Ma，2020），并且进入出口市场门槛的降低，会引致更多企业加入到出口市场，企业间的竞争效应加强。为了考察企业研发和竞争效应是否会优化企业的加成率，为此本书构建中介效应模型加以验证。

7.2.5.1　指标测度

企业研发（*RD*），由于企业研发费用和企业新产品，其费用和产值大量为 0，且多个年份缺失，这导致大量样本损失，可能导致回归结果产生偏误。因此，本书采用企业有效发明专利数的对数表示。

---

① 根据国民经济行业划分标准（GB-T 4754—2002），低技术行业为：纺织业，木料加工及藤、棕、草制品业，石油加工、炼焦及核燃料加工业，饮料制造业，烟草制品业，纺织服装、鞋、帽制造业；高技术行业为：专用设备制造业，仪器仪表及文化办公用机械制造业，医药制造业，造纸及纸制品业，通信设备、计算机及其他电子设备制造业；其他行业为中等技术行业。

竞争效应（competition），由于企业间的竞争效应往往与行业内的企业数相关，因此，本书采用行业内的企业数的对数表示。

7.2.5.2 模型设定

接下来，本书建立如下计量模型检验贸易政策不确定性是否通过这些渠道影响企业加成率：

$$Channel_{ijt} = \alpha_0 + \beta_1 TPU_{j01} \times Post02_t + \sum_{\gamma} X_{ijt} + \lambda_t + u_i + \varepsilon_{ijt} \quad (7.10)$$

其中，$Channel_{ijt}$ 为中介变量；X_{ijt} 为控制变量，与公式（7.7）相同，这里不做赘述。

首先，将企业研发（RD）纳入公式（7.10），估计结果报告在表 7.7 第（1）列，交叉项 $TPU_{j01} \times Post02_t$ 显著为正，表明在中国加入 WTO 之后，贸易政策不确定性实质性的下降对企业研发产生了显著的促进作用。

表 7.7   贸易政策不确定性影响企业加成率的中介效应检验结果

变量	企业研发（1）	加成率 Channel：企业研发（2）	竞争效应（3）	加成率 Channel：竞争效应（4）
$TPU_{j01} \times Post02_t$	0.0497 *** (6.03)	0.0137 ** (2.09)	− 0.3217 *** (− 58.04)	0.0151 ** (1.89)
$TPU_{j01} \times Post02_t \times Channel$		0.0011 *** (3.50)		− 0.0039 *** (− 4.61)
$TPU_{j01} \times Channel$		− 0.0001 (− 0.43)		0.0002 ** (2.55)
$Post02_t \times Channel$		0.0008 (0.56)		0.0043 *** (8.08)
$Channel$		0.0005 ** (2.35)		− 0.0002 ** (− 2.38)
$scale$	1.2210 *** (6.48)	0.0200 *** (11.89)	0.0124 * (1.69)	0.0108 *** (18.27)

变量	企业研发 (1)	加成率 Channel： 企业研发 (2)	竞争效应 (3)	加成率 Channel： 竞争效应 (4)
sub	- 0. 0030 ** (- 2. 05)	- 0. 0144 (- 7. 84)	- 0. 0005 *** (- 0. 06)	0. 0025 (1. 32)
age	- 0. 7380 *** (- 8. 36)	0. 0043 (1. 35)	0. 0078 (0. 61)	0. 0081 *** (7. 98)
CI	0. 7471 *** (6. 36)	0. 0084 *** (6. 30)	0. 0018 (0. 19)	0. 0070 *** (16. 38)
IV	0. 0318 (1. 25)	0. 0128 *** (13. 86)	0. 0096 *** (2. 47)	0. 0014 *** (4. 56)
HHI	2. 5791 (1. 47)	- 0. 6908 *** (- 5. 32)	- 0. 0929 *** (- 0. 39)	- 0. 1007 *** (- 5. 00)
outputtariff	0. 0316 (0. 12)	0. 0810 *** (8. 66)	- 0. 0781 (- 1. 23)	0. 0488 *** (9. 52)
inputtariff	- 0. 4493 ** (- 2. 31)	- 0. 0355 *** (- 5. 04)	- 0. 0383 * (- 1. 73)	- 0. 0018 (- 1. 01)
reform	4. 7453 *** (6. 93)	0. 1419 *** (9. 61)	0. 0254 (0. 38)	0. 0652 *** (11. 65)
deregulation	0. 3142 *** (3. 11)	0. 6153 *** (6. 31)	0. 3142 *** (3. 11)	0. 6143 *** (6. 30)
常数项	15. 3952 *** (21. 65)	9. 2644 *** (310. 76)	0. 0962 *** (110. 85)	9. 6157 *** (994. 54)
企业固定效应	是	是	是	是
时间固定效应	是	是	是	是
观测值（个）	79404	79404	234256	234256
R^2	0. 7873	0. 8882	0. 6067	0. 8424

注：括号中为对应系数的 t 值；*、**、*** 分别表示在 10% 、5% 和 1% 水平上显著。

接下来，构建三重差分回归模型，具体形式如公式（7.11）来进一步检验产品质量效应是否是贸易政策不确定性下降影响企业加成率的渠道：

$$markup_{ijt} = \alpha_0 + \beta_1 TPU_{j01} \times Post02_t + \beta_2 TPU_{j01} \times Post02_t \times Channel_{ijt}$$
$$+ \beta_3 TPU_{j01} \times Channel_{ijt} + \beta_4 Post02_t \times Channel_{ijt} + \beta_5 Channel_{ijt}$$
$$+ \sum_{\gamma} X_{ijt} + \lambda_t + u_i + \varepsilon_{ijt} \tag{7.11}$$

将企业研发（RD）代入公式（7.11），表 7.7 的第（2）列结果显示 $TPU_{j01} \times Post02_t \times RD_{ijt}$ 的估计系数显著为正，表明贸易政策不确定性下降确实通过提高中间品质量效应促进了加成率提升。此外，与表 7.3 第（4）列的基准回归结果相比，交乘项 $TPU_{j01} \times Post02_t$ 的估计系数值和 t 值均有所下降，可见，企业研发（RD）确实是贸易政策不确定性下降促进企业加成率的一个渠道。

其次，类似企业研发的检验方式，将竞争效应（competition）代入公式（7.10），表 7.7 第（3）列交乘项 $TPU_{j01} \times Post02_t$ 显著为正，表明贸易政策不确定性下降显著促进了竞争效应的提升，接下来再将竞争效应（competition）代入公式（7.11），表 7.7 的第（4）列结果显示 $TPU_{j01} \times Post02_t \times competition_{ijt}$ 的估计系数显著为正，表明贸易政策不确定性下降通过中间品种类效应促进了加成率的增加。此外，与表 7.3 第（4）列的基准回归结果相比，在加入竞争效应（competition）变量之后，$TPU_{j01} \times Post02_t$ 的估计系数值和 t 值均有所下降，可见，竞争效应（competition）是贸易政策不确定性下降促进企业加成率的一个渠道。

7.3 本 章 小 结

首先，对被解释变量企业加成率、解释变量贸易政策不确定性以及控制变量进行描述性统计，发现贸易政策不确定性下降和中国加成率具有明显的时间变化特点，即 2001 年中国加入 WTO 后，贸易政策不确定性的下降导致中国加成率迅速提升。其次，选取贸易政策不确定性指数，以及 2000～2007 年中国海关数据库和中国工业企业数据，构建计量经济模型考察贸易政策不确定性对企业加成率的影响，实证检验显示，贸易政策不确定性下降显著促进了企业加成率的增加，在一定程度上验证了理论模型的预测，这一结果在一系列的稳健性检验后，如识别假设检验、更换贸易政策不确定性和企业加成率的测度方法后依然成立。再其次，考察了贸易政策不确定性影响企业加成率的异质性，基于异质性企业的检验结果显示：贸易政策不确定性的下降有利于一般贸易企业、私营企业以及高技术行业的加成率的扩张。最后，从企业研发和竞争效应考察了贸易政策不确定性下降对企业加成率的影响，结果显示，贸易政策不确定性的下降有利于企业研发以及竞争效应的发挥，进而促进企业加成率的提升。

第 8 章
结论与展望

8.1　主要研究结论

面对中美贸易摩擦和新冠肺炎疫情的双重夹击，在开放经济框架下研究阐释贸易政策不确定性对我国企业出口绩效的影响，是事关我国高质量发展的重要议题。本书借助理论模型与实证检验相结合的方法分别考察了贸易对企业出口绩效的影响，主要结论如下：

（1）贸易政策不确定性下降对企业出口绩效具有显著的促进作用。表现为：第一，贸易政策不确定性下降会促进企业出口规模的扩大；第二，贸易政策不确定性的下降会促进企业出口结构的升级；第三，贸易政策不确定性下降会提升企业出口产品质量；第四，贸易政策不确定性下降会推动企业加成率的提高。以上结论在考虑了识别假设条件和一系列例如更换主要变量、排除预期效应、两期差分法、排除非观测因素影响等可能干扰估计结果的因素后结论依然稳健。

（2）贸易政策不确定性对企业出口绩效的影响存在中介效应。本书在对已有文献进行总结的基础上，归纳分析了贸易政策不确定性可能通过哪些传导变量对企业的出口规模、出口结构升级、出口产品质量以及企业加成率产生影响，最终形成了出口固定成本、产品层面资源再配置、进口中间品的诱发效应、企业创新和竞争效应等四条传导路径。通过构建中介效应模型对各个传导路径是否成立进行检验发现，贸易政策不确定下降对出口固定成本、产品层面资源再配置、进口中间品的诱发效应、企业创新和竞争效应等传导变量均具有显著正向影响，四个传导路径都通过了中介效应检验①。

（3）贸易政策不确定对企业出口绩效的影响存在明显异质性。本书在基准回归的基础上，对总样本按照贸易类型、企业类别以及所在行业的技术类别进行划分，以考察贸易政策不确定的异质性影响。通过分样本回归分析，得出：第一，贸易政策不确定性下降更容易促进加工贸易企业、国有企业以及低技术行业企业的出口规模扩张；第二，贸易政策不确定性的下降更容易促进一般贸易企业、私营企业以及高技术行业企业的出口技术复杂度的提升；第三，贸易政策不确定性的下降更容易促进一般贸易企业、高技术行业企业以及东部地区企业的出口产品质量的提升；第四，贸易政策不确定性下降更容易促进一般贸易型、私营型、高技术行业企业的企业加成率提升。

8.2 政 策 建 议

8.2.1 建立应对贸易政策不确定性政策体系

本书运用双重差分法实证研究发现，贸易政策不确定性下降会促进企业出口规模扩张的同时，还会对企业出口结构升级、企业出口产品质量以及企业加成率产生影响。其中出口固定成本、产品层面资源再配置、中间品进口的诱发效应以及企业创新和竞争效应作为传导变量，有效地发挥了贸易政策不确定性对企业出口绩效的中介效应作用。基于传导机制分析，可以发现贸

---

① 企业创新和竞争效应为贸易政策不确定性影响企业加成率的渠道，因此为四个传导路径。

易政策不确定性水平与传导变量能否发挥中介效应具有重要关系。与此同时，对于中国政府而言，如何应对贸易政策不确定性是一个非常复杂的决策过程，如果不及时出台相应的政策，很可能会导致企业出口绩效的提升受到阻碍，甚至影响中国出口的转型升级。

通过构建应对贸易政策不确定性政策体系，可以起到两个方面作用：一是可以对冲贸易政策不确定性对企业出口绩效造成的不利影响，减轻中国在出口转型升级以及贸易高质量发展的阻力。例如，中国应积极与美国开展第二阶段经贸协议磋商，并且完善和扩大 RCEP，加快与更多的国家和地区签署自由贸易协定，减少贸易政策不确定性对出口提质升级的不利影响。二是可以充分发挥传导变量的中介效应，有效提升企业的出口绩效。例如：减少企业出口通关程序，减少企业出口支出，有效减轻企业的出口固定成本，有利于企业出口规模的扩大；鼓励企业优化产品结构，主动提高高附加值、高技术含量、资本密集型产品的占比，减少不符合国际需求的过时产品、低附加值、低技术含量以及劳动密集型产品的占比，提高企业在产品层面的资源再配置能力，有利于企业出口结构的升级；积极优化进口结构，借助国际进口博览会等平台拓宽中间品进口渠道，扩大对具有高技术含量的中间品进口规模，发挥进口中间品的产品质量效应、产品种类效应和技术溢出效应对出口结构升级的积极作用；加大企业创新等政策方面的倾斜力度，鼓励企业创新，特别是核心科技方面的突破，从美国禁止对华为出售芯片等事件可以看出，要警惕西方国家对中国出口的转型升级采取"卡脖子"的方式进行限制。此外，中国政府还应该保持市场环境中存在一定的进行竞争因素，这将有利于企业提升自身的生产率，激发企业创造能力，进而有助于企业加成率的提升。

总之，建立和完善应对贸易政策不确定性的配套政策，不仅有利于减少贸易政策不确定性对企业出口绩效产生的负面影响、进而影响中国出口转型升级以及经济的高质量发展，而且有利于发挥传导变量的中介效应，应对贸易政策不确定性配套政策完善与否对于微观企业层面，提升企业出口绩效以及宏观层面推动经济高质量发展都具有重要意义。因此，中国需要建立和完善应对贸易政策不确定性冲击相配套的政策体系，为企业发展和中国经济的良性循环提供一个良好的外部环境。

8.2.2 建立企业预警机制，持续优化企业管理水平

企业盲目追求产能，扩大利润空间是贸易政策不确定性对企业出口绩效产生不利因素的重要原因。例如，在大多数情况下，企业为了追求利润最大化，盲目扩大产能，一旦贸易环境发生变化或者遇到贸易政策不确定性的冲击，企业将会导致很大的损失，甚至导致企业退出市场。

本书的研究表明，贸易政策不确定性下降会促进企业出口绩效的提升，换言之，贸易政策不确定性上升时，会抑制企业出口绩效的提升的同时，也会增加企业出口固定成本，不利于产品层面的资源再配置以及中间品进口的诱发效应，也无益于企业创新和竞争效应的发挥。因此，企业必须建立预警机制，持续优化企业管理。这些措施可以在两个方面起到积极作用：第一，贸易政策不确定性冲击有一定的偶然因素，但大多数情况下可以提前预防。例如：当国际贸易环境整体恶化时，企业应当主动调整产能和减少库存，以防止不利因素对企业产生损失，同样，当国际环境整体向好时，或者我们上文分析得知，与相关国家签订贸易协定会降低贸易政策不确定性，那么此时，企业应该调整出口目的国，向这些国家的销量倾斜，以尽可能在较好的贸易环境中，提升自身的出口绩效。第二，企业应当持续优化企业管理水平，以往大规模的生产已经不适合当前企业的发展形势，企业应当建立完善的销售渠道，采取订单化的生产模式，这样既可以及时掌握目的市场销量的变化情况（这种变化常常会因为贸易政策不确定性的变化而发生变化），又可以降低企业库存，降低企业面临贸易政策不确定性的风险。

8.2.3 针对不同类型的企业，构建差异化政策体系

本书的研究还得出一个重要结论，即贸易政策不确定性的影响还具有显

著的异质性。研究表明：第一，贸易政策不确定性下降更容易促进加工贸易企业、国有企业以及低技术行业企业的出口规模扩张；第二，贸易政策不确定性的下降更容易促进一般贸易企业、私营企业以及高技术行业企业的出口技术复杂度的提升；第三，贸易政策不确定性的下降更容易促进一般贸易企业、高技术行业企业以及东部地区企业的出口产品质量的提升；第四，贸易政策不确定性下降更容易促进一般贸易型、私营型、高技术行业企业的企业加成率提升。

那么针对不同类型的企业，实施差异化的政策体系就显得十分必要了。首先，当贸易政策不确定性上升时，应该降低加工贸易企业、国有企业以及低技术行业的出口成本，准确识别其发展困难，鼓励地方政府出台贸易扩大政策，以及销路转移措施，例如鼓励企业在应对外部冲击时从出口转向内地销售。其次，对待一般贸易企业、私营企业以及高技术行业，应该加大研发补贴或税收减免，为企业研发投资提供多样化的融资便利，鼓励关键以及核心技术突破，避免一些西方国家试图通过关键中间品出口或技术限制遏制中国制造业的出口转型升级。

总之，应对贸易政策不确定的不利因素，关键还在于企业创新能力的提升和核心技术的突破，不仅一方面可以解决西方国家对中国的快速崛起进行"卡脖子"，另一方面出口绩效的提升，即推动企业在规模、出口结构升级、出口产品质量提升以及加成率的增加，也依赖于企业的创新，这是推动企业进步的不竭动力和永恒的制胜法宝。

8.3 研究展望

本书将企业出口绩效，分解为出口的量、结构、质，并结合贸易政策不确定性这一外部冲击，以期较为全面考察贸易不确定性对企业出口绩效变动的影响，在此基础上，进一步深入研究贸易政策不确定性的异质性影响和中介效应，为扩展现有贸易政策不确定性研究提供理论支持和实证依据，此外，这些经验总结对我国合理应对贸易政策不确定性的不利影响，促进中国贸易高质量发展提供借鉴意义。但不可避免的，本书在考察贸易政策不确定性与企业出口绩效之间的关系过程中存在一定的局限性。主要包含下面三点：

（1）从出口固定成本角度考察贸易政策不确定性对企业出口规模的影响机制，从产品层面资源再配置角度考察贸易政策不确定性对企业出口技术复杂度的影响机制，从中间品进口的诱发效应时间考察贸易政策不确定性对企业出口产品质量的影响机制以及从企业创新和竞争效应角度考察贸易政策不确定性对企业加成率的影响机制，尽管本书尝试尽可能全面覆盖贸易政策不确定性的影响机制，但仍无法列举贸易政策不确定性所有的影响机制，仍存在可能遗漏重要的影响机制，对此，笔者将在今后的科研工作中进一步完善相关研究。

（2）本书从贸易政策不确定性下降角度，考察贸易政策不确定性与企业出口绩效之间的关系，在数据上主要基于 2000~2007 年，统计周期较为久远，无法解释近年来中美贸易不确定性上升对中国企业出口绩效的影响。今后的科研中，将进一步完善贸易政策不确定指标的测度，用更为科学的办法为当前的经济发展提供重要的借鉴。

（3）由于笔者研究精力和能力的限制，在建立贸易政策不确定性与企业出口技术复杂度理论模型时，主要从出口产品竞争力角度刻画企业出口结构升级，具有一定的局限性，并不能全面刻画企业的出口结构升级，对此，笔者在今后的工作中会致力于完善相关理论模型的推导，并加强自身的理论推导能力，力求更为准确地反映贸易不确定性对企业出口结构升级的影响。

参考文献

[1] 曹亚军.2019. 要素市场扭曲如何影响了资源配置效率：企业加成率分布的视角 [J]. 南开经济研究，(6)：18-36.

[2] 陈昊，陈小明.2011. 文化距离对出口贸易的影响：基于修正引力模型的实证检验 [J]. 中国经济问题，(6)：76-82.

[3] 陈昊，李俊丽，陈建伟. 中间品进口来源地结构与企业加成率：理论模型与经验证据 [J]. 国际贸易问题，(4)：35-50.

[4] 陈虹，徐阳.2018. 贸易政策不确定性会增加企业就业人数吗：来自中国加入 WTO 的企业微观数据 [J]. 宏观经济研究，(10)：121-133.

[5] 陈俊聪，黄繁华.2013. 对外直接投资与出口技术复杂度 [J]. 世界经济研究，(11)：74-79.

[6] 陈琳，何欢浪，罗长远.2012. 融资约束与中小企业的出口行为：广度和深度 [J]. 财经研究，(10)：134-144.

[7] 陈昭，刘映曼.2019. 政府补贴、企业创新与制造业企业高质量发展 [J]. 改革，(8)：140-151.

[8] 程玉坤，周康.2014. 融资约束与多产品出口企业的二元边际：基于中国企业层面的分析 [J]. 南方经济，(10)：63-81.

[9] 代中强.2014. 知识产权保护提高了出口技术复杂度吗?：来自中国省际层面的经验研究 [J]. 科学学研究，(12)：1846-1858.

[10] 戴魁早，方杰炜.2019. 贸易壁垒对出口技术复杂度的影响——机制与

中国制造业的证据 [J]. 国际贸易问题, (12): 136-154.

[11] 戴魁早. 2019. 要素市场扭曲如何影响出口技术复杂度?: 中国高技术产业的经验证据 [J]. 经济学, 18 (1): 337-366.

[12] 邓小华, 陈慧玥. 2021. 贸易政策不确定性对出口二元边际的影响研究——基于美国和新兴市场国家的数据分析 [J]. 安徽大学学报 (哲学社会科学版), 45 (1): 145-156.

[13] 杜威剑, 李梦洁. 2015. 目的国市场收入分配与出口产品质量: 基于中国企业层面的实证检验 [J]. 当代财经, (10): 89-96.

[14] 范兆斌, 黄淑娟. 2017. 文化距离对"一带一路"国家文化产品贸易效率影响的随机前沿分析 [J]. 南开经济研究, (4): 125-140.

[15] 高翔, 黄建忠. 政府补贴对出口企业成本加成的影响研究: 基于微观企业数据的经验分析 [J]. 产业经济研究, (4): 49-60.

[16] 高翔, 袁凯华. 2020. 清洁生产环境规制与企业出口技术复杂度: 微观证据与影响机制 [J]. 国际贸易问题, (2): 93-109.

[17] 高宇, 游佳慧, 霍聪聪. 2018. 市场分割、成本加成与出口: 基于中国制造业企业的研究 [J]. 经济科学, (6): 56-68.

[18] 高越, 李荣林. 2015. 国际市场竞争与中国出口产品质量的提高 [J]. 产业经济研究, (3): 11-20.

[19] 耿晔强, 狄媛. 2017. 中间品贸易自由化、制度环境与企业加成率: 基于中国制造业企业的实证研究 [J]. 国际经贸探索, 33 (5): 51-68.

[20] 耿晔强, 张世铮. 2018. 产业集聚提升了出口产品质量吗?: 来自中国制造业企业的经验证据 [J]. 山东大学学报 (哲学社会科学版), (1): 92-101.

[21] 龚联梅, 钱学锋. 2018. 贸易政策不确定性理论与经验研究进展 [J]. 经济学动态, (6): 106-116.

[22] 郭晶, 周玲丽. 2019. 贸易政策不确定性、关税变动与企业生存 [J]. 国际贸易问题, (5): 22-40.

[23] 郭新茹, 彭秋玲, 刘子琰. 2018. 文化距离、文化贸易壁垒对中国文化

产品出口的影响效应分析 [J]. 江苏社会科学，(6)：106 – 115.

[24] 韩慧霞，金泽虎.2019. 贸易政策不确定性对中国外贸产业升级影响作用机制分析：基于中美贸易政策博弈的检验 [J]. 商业研究，（10）：69 – 77.

[25] 何欢浪，铁瑛，张娟.2017. 服务业发展促进了出口产品质量提升吗 [J]. 国际贸易问题，(12)：70 – 82.

[26] 雷娜，郎丽华.2020. 国内市场一体化对出口技术复杂度的影响及作用机制 [J]. 统计研究，37（2）：52 – 64.

[27] 李宏，任家祺.2020. 汇率变动对中国制造业进出口技术复杂度的影响分析 [J]. 世界经济研究，(3)：3 – 15.

[28] 李敬子，刘月.2019. 贸易政策不确定性与研发投资：来自中国企业的经验证据 [J]. 产业经济研究，(6)：1 – 13.

[29] 李坤望，蒋为，宋立刚.2014. 中国出口产品品质变动之谜：基于市场进入的微观解释 [J]. 中国社会科学，(3)：80 – 103.

[30] 李力行，申广军.2015. 经济开发区、地区比较优势与产业结构调整 [J]. 经济学（季刊），(3)：885 – 910.

[31] 李瑞琴，王汀汀，胡翠.2018. FDI 与中国企业出口产品质量升级：基于上下游产业关联的微观检验 [J]. 金融研究，(6)：91 – 108.

[32] 李胜旗，佟家栋.2016. 产品质量、出口目的地市场与企业加成定价 [J]. 国际经贸探索，32（1）：4 – 17.

[33] 李胜旗，徐卫章.2016. 我国制造业出口企业产品种类对企业加成率的影响研究 [J]. 经济问题探索，(9)：101 – 109.

[34] 李志阳.2020. 美国贸易政策不确定性对中国宏观经济的影响：基于实证和理论的分析 [J]. 世界经济文汇，(6)：52 – 67.

[35] 李志远，余淼杰.2013. 生产率、信贷约束与企业出口：基于中国企业层面的分析 [J]. 经济研究，(6)：85 – 99.

[36] 林玲，李江冰，李青原.2009. 金融发展、融资约束与中国本土企业出口绩效：基于省际面板数据的经验研究 [J]. 世界经济研究，(4)：45 – 50.

[37] 刘海洋，孔祥贞，宋巧．2013．融资约束与中国制造业企业出口：基于 Heckman 样本选择模型的经验检验 [J]．世界经济研究，(1)：29-34．

[38] 刘洪铎．2016．产业集聚对出口技术复杂度的影响研究：基于外贸发展方式转变视角的实证分析 [J]．中国社会科学院研究生院学报，(4)：39-47．

[39] 刘会政，朱光．全球价值链嵌入对中国装备制造业出口技术复杂度的影响：基于进口中间品异质性的研究 [J]．国际贸易问题，(8)：80-94．

[40] 刘啟仁，黄建忠．2016．产品创新如何影响企业加成率 [J]．世界经济，39 (10)：28-53．

[41] 刘啟仁，铁瑛．2020．企业雇佣结构、中间投入与出口产品质量变动之谜 [J]．管理世界，(3)：1-23．

[42] 刘晓宁，刘磊．2015．自由化对出口产品质量的影响效应：基于中国微观制造业企业的实证研究 [J]．国际贸易问题，(8)：14-23．

[43] 刘英基．2016．知识资本对制造业出口技术复杂度影响的实证分析 [J]．世界经济研究，(3)：97-107．

[44] 芦丽静，朱炎亮，单海鹏．2016．经济不确定性对最终消费影响的地区差异性研究：基于省级面板数据的比较分析 [J]．经济问题探索，(2)：106-114．

[45] 罗丽英，齐月．2016．技术创新效率对我国制造业出口产品质量升级的影响研究 [J]．国际经贸探索 (4)：37-50．

[46] 吕朝凤．2015．金融发展、融资约束与中国地区出口绩效 [J]．经济管理，(2)：107-118．

[47] 马涛，刘仕国．2010．产品内分工下中国进口结构与增长的二元边际——基于引力模型的动态面板数据分析 [J]．南开经济研究，(4)：92-109．

[48] 毛其淋，方森辉．2018．创新驱动与中国制造业企业出口技术复杂度 [J]．世界经济与政治论坛，(2)：1-24．

[49] 毛其淋，许家云．2016．中国对外直接投资如何影响了企业加成率：事实与机制 [J]．世界经济，39 (6)：77-99．

［50］毛其淋，许家云．2018．贸易政策不确定性与企业储蓄行为：基于中国加入 WTO 的准自然实验［J］．管理世界，（5）：10 - 27.

［51］毛其淋，许家云．2017．中间品贸易自由化提高了企业加成率吗?：来自中国的证据［J］．经济学（季刊），16（2）：485 - 524.

［52］毛其淋．2019．人力资本推动中国加工贸易升级了吗?［J］．经济研究，54（1）：52 - 67.

［53］毛其淋．2020．贸易政策不确定性是否影响了中国企业进口?［J］．经济研究，（2）：148 - 164.

［54］毛毅．2013．融资约束、金融发展与企业出口行为［J］．山西财经大学学报，（4）：9 - 19.

［55］聂辉华，江艇，杨汝岱．2012．中国工业企业数据库的使用现状和潜在问题［J］．世界经济，（5）：142 - 158.

［56］彭冬冬，杨德彬，苏理梅．2016．环境规制对出口产品质量升级的差异化影响：来自中国企业微观数据的证据［J］．现代财经（天津财经学院学报），（8）：15 - 27.

［57］彭雪清，夏飞，陈修谦．2019．文化认同是中国对东盟文化产品出口的催化剂吗：基于 LSDV 的实证检验［J］．国际经贸探索，35（12）：57 - 69.

［58］齐俊妍，吕建辉．2016．进口中间品对中国出口净技术复杂度的影响分析：基于不同技术水平中间品的视角［J］．财贸经济，（2）：114 - 126.

［59］齐俊妍，王永进，施炳展，盛丹．2011．金融发展与出口技术复杂度［J］．世界经济，（7）：91 - 118.

［60］钱学锋，龚联梅．2017．贸易政策不确定性、区域贸易协定与中国制造业出口［J］．中国工业经济，（10）：81 - 98.

［61］钱学锋，熊平．2010．中国出口增长的二元边际及其因素决定［J］．经济研究，（1）：65 - 79.

［62］钱学锋，王备．2017．中间投入品进口、产品转换与企业要素禀赋结构升级［J］．经济研究，（1）：58 - 71.

［63］钱学锋.2008.企业异质性、贸易成本与中国出口增长的二元边际［J］.管理世界，(9)：48-56.

［64］邱斌，闫志俊.2015.异质性出口固定成本、生产率与企业出口决策［J］.经济研究，(9)：142-155.

［65］尚宇红，崔惠芳.2014.文化距离对中国和中东欧国家双边贸易的影响：基于修正贸易引力模型的实证分析［J］.江汉论坛，(7)：58-62.

［66］邵朝对，苏丹妮，邓宏图.2016.房价、土地财政与城市聚集特征：中国式城市发展之路［J］.管理世界，(2)：19-31.

［67］盛斌，毛其淋.2017.进口贸易自由化是否影响了中国制造业出口技术复杂度［J］.世界经济，(12)：52-75.

［68］盛斌，钱学锋，黄玖立，东艳.2011.入世十年转型：中国对外贸易发展的回顾与前瞻［J］.国际经济评论，(5)：84-101.

［69］盛丹，王永进.2012.中国企业低价出口之谜：基于企业加成率的视角［J］.管理世界，(5)：8-23.

［70］盛丹，张慧玲.2017.环境管制与我国的出口产品质量升级：基于两控区政策的考察［J］.财贸经济，(8)：80-97.

［71］盛丹.2013.国有企业改制、竞争程度与社会福利：基于企业成本加成率的考察［J］.经济学（季刊），12(4)：1465-1490.

［72］施炳展，邵文波.2014.中国企业出口产品质量测算及其决定因素：培育出口竞争新优势的微观视角［J］.管理世界，(9)：90-106.

［73］施炳展.2013.中国企业出口质量异质性：测度与事实［J］.经济学（季刊），(1)：263-284.

［74］苏丹妮，盛斌，邵朝对.2018.产业集聚与企业出口产品质量升级［J］.中国工业经济，(11)：117-135.

［75］苏理梅，彭冬冬，兰宜生.2016.贸易自由化是如何影响我国出口产品质量的?：基于贸易政策不确定性下降的视角［J］.财经研究，(4)：61-70.

［76］孙楚仁，赵瑞丽，陈瑾，张卡.2014.政治关系、融资约束与企业出口

行为——基于 2004 年世界银行"商业环境和企业绩效调查"中国企业数据的实证分析 [J]. 中南财经政法大学学报, (3): 140 – 149.

[77] 孙林, 周科选. 2020. 区域贸易政策不确定性对中国出口企业产品质量的影响: 以中国—东盟自由贸易区为例 [J]. 国际贸易问题, (1): 127 – 143.

[78] 孙灵燕, 崔喜君. 2011. FDI、融资约束与民营企业出口: 基于中国企业层面数据的经验分析 [J]. 世界经济研究, (1): 61 – 66.

[79] 孙灵燕. 2012. 外商直接投资如何影响了民营企业的融资约束?: 来自中国企业层面的证据 [J]. 南方经济, (1): 47 – 57.

[80] 孙小军, 张亮, 徐小聪, 彭婷婷. 政府生产性补贴会促进企业成本加成率增加吗 [J]. 宏观经济研究, (3): 56 – 67.

[81] 孙一平, 许苏皓, 卢仕. 贸易政策不确定性对企业工资不平等影响研究: 中国经验 [J]. 宏观经济研究, (12): 30 – 39.

[82] 田晖, 颜帅. 2015. 文化距离对中国文化产品出口的影响研究: 基于三元边际的实证考察 [J]. 经济经纬, (6): 71 – 77.

[83] 田晖. 2015. 国家文化距离对中国进出口贸易影响的区域差异 [J]. 经济地理, 35 (2): 22 – 29.

[84] 佟家栋, 李胜旗. 2015. 贸易政策不确定性对出口企业产品创新的影响研究 [J]. 国际贸易问题, (6): 25 – 32.

[85] 万家乐, 苗双有. 融资约束降低了企业加成率吗?: 来自中国的证据 [J]. 产经评论, 11 (1): 137 – 147.

[86] 汪建新, 黄鹏. 2015. 信贷约束、资本配置和企业出口产品质量 [J]. 财贸经济, (5): 84 – 95.

[87] 汪建新, 贾圆圆, 黄鹏. 2015. 国际生产分割、中间投入品进口和出口产品质量 [J]. 财经研究, (4): 54 – 65.

[88] 汪建新. 2014. 贸易自由化、质量差距与地区出口产品质量升级 [J]. 国际贸易问题, (10): 3 – 13.

[89] 汪亚楠, 王海成, 苏慧. 2020. 贸易政策不确定性与中国产品出口的数

量，质量效应：基于自由贸易协定的政策背景 [J]. 审计与经济研究，35 (1)：111 – 119.

[90] 汪亚楠，周梦天. 2017. 贸易政策不确定性、关税减免与出口产品分布 [J]. 数量经济技术经济研究，(12)：127 – 142.

[91] 王海成，许和连，邵小快. 2019. 国有企业改制是否会提升出口产品质量 [J]. 世界经济，(3)：94 – 117.

[92] 王煌，黄先海，陈航宇，张茜蓉. 2020. 人力资本匹配如何影响企业加成率：理论机制与经验证据 [J]. 财贸经济，41 (1)：110 – 128.

[93] 王瑾，樊秀峰. 2019. 区域制度质量视角下创新对出口技术复杂度的影响研究 [J]. 人文杂志，(4)：99 – 108.

[94] 王璐航，首陈霄. 2019. 中国入世与出口增长：关于关税不确定性影响的再检验 [J]. 经济学 (季刊)，18 (2)：721 – 748.

[95] 王胜斌，杜江. 2019. 金融发展与出口技术复杂度提升：基于影响渠道的研究 [J]. 经济问题探索，(10)：175 – 183.

[96] 王雅琦，谭小芬，张金慧，卢冰. 2018. 人民币汇率、贸易方式与产品质量 [J]. 金融研究，(3)：71 – 88.

[97] 王永进，盛丹，施炳展，李坤望. 2010. 基础设施如何提升了出口技术复杂度？[J]. 经济研究，(7)：103 – 115.

[98] 魏悦羚，张洪胜. 2019. 贸易政策不确定性、出口与企业生产率：基于 PNTR 的经验分析 [J]. 经济科学，(1)：57 – 68.

[99] 温忠麟，叶宝娟. 2014. 中介效应分析：方法和模型发展 [J]. 心理科学进展，(5)：731 – 745.

[100] 文东伟，冼国明. 2014. 中国制造业的空间集聚与出口：基于企业层面的研究 [J]. 管理世界，(10)：57 – 74.

[101] 席艳乐，汤恒运，魏夏蕾. 2019. 经济政策不确定性波动对中国出口技术复杂度的影响：基于 CEPII-BACI 数据库的实证研究 [J]. 宏观经济研究，(5)：20 – 32.

[102] 项松林. 2015. 融资约束与中国出口增长的二元边际 [J]. 国际贸易问

题，（4）：85-94.

[103] 谢建国，章素珍.2017.反倾销与中国出口产品质量升级：以美国对华贸易反倾销为例 [J]. 国际贸易问题，(1)：153-164.

[104] 谢杰，陈锋，陈科杰，戴赵琼.2021.贸易政策不确定性与出口企业加成率：理论机制与中国经验 [J]. 中国工业经济，(1)：56-75.

[105] 谢申祥，冯玉静.2019.21世纪中国制造业出口产品的规模、结构及质量 [J]. 数量经济技术经济研究，(11)：22-39.

[106] 熊永莲，谢建国，文淑惠.2018.人口年龄结构与出口技术复杂度：基于跨国面板的实证分析 [J]. 国际贸易问题，(12)：39-52.

[107] 徐美娜，彭羽.2016.外资垂直溢出效应对本土企业出口产品质量的影响 [J]. 国际贸易问题，(12)：119-130.

[108] 徐卫章，李胜旗.2016.贸易政策不确定性与中国出口企业加成率：基于企业异质性视角的分析 [J]. 商业研究，(12)：150-160.

[109] 许和连，王海成.2016.最低工资标准对企业出口产品质量的影响研究 [J]. 世界经济，(7)：73-96.

[110] 许家云，毛其淋，胡鞍钢.2017.中间品进口与企业出口产品质量升级：基于中国证据的研究 [J]. 世界经济，(3)：52-75.

[111] 许家云，毛其淋.2016.人民币汇率水平与出口企业加成率：以中国制造业企业为例 [J]. 财经研究，(1)：103-112.

[112] 许明，邓敏.2018.劳动报酬如何影响出口企业加成率：事实与机制 [J]. 财经问题研究，(9)：122-130.

[113] 许明，邓敏.2016.产品质量与中国出口企业加成率：来自中国制造业企业的证据 [J]. 国际贸易问题，(10)：26-37.

[114] 阳佳余.2012.融资约束与企业出口行为：基于工业企业数据的经验研究 [J]. 经济学（季刊），(3)：1503-1524.

[115] 杨连星，沈超海，殷德生.2019.对外直接投资如何影响企业产出 [J]. 世界经济，(4)：77-100.

[116] 叶娇，和珊，赵云鹏.2018.网络技术应用与企业出口质量提升：基

于微观数据的分析 [J]. 国际贸易问题, (11): 59 – 73.

[117] 叶宁华, 包群, 邵敏. 2014. 空间集聚、市场拥挤与我国出口企业的过度扩张 [J]. 管理世界, (1): 58 – 72.

[118] 叶生洪, 王开玉, 孙一平. 2016. 跨国并购对东道国企业竞争力的影响研究: 基于中国制造业企业数据的实证分析 [J]. 国际贸易问题, (1): 50 – 59.

[119] 易靖韬, 傅佳莎, 蒙双. 2017. 多产品出口企业、产品转换与资源配置 [J]. 财贸经济, (10): 131 – 145.

[120] 殷宝庆, 肖文, 刘洋. 2016. 贸易便利化影响了出口技术复杂度吗: 基于 2002—2014 年省级面板样本的检验 [J]. 科学学与科学技术管理, (12): 73 – 81.

[121] 于洪霞, 龚六堂, 陈玉宇. 2011. 出口固定成本融资约束与企业出口行为 [J]. 经济研究, (4): 55 – 67.

[122] 余娟娟, 余东升. 2018. 政府补贴、行业竞争与企业出口技术复杂度 [J]. 财经研究, 44 (3): 112 – 124.

[123] 余淼杰. 2010. 中国的贸易自由化与制造业企业生产率 [J]. 经济研究, 2010 (12): 97 – 110.

[124] 余智. 2019. 贸易政策不确定性研究动态综述 [J]. 国际贸易问题, (5): 162 – 172.

[125] 岳文. 2017. 贸易自由化、进口竞争与企业成本加成 [J]. 中国经济问题, (1): 60 – 72.

[126] 张艾莉, 尹梦兰. 2019. 技术创新、人口结构与中国制造业出口复杂度 [J]. 软科学, 33 (5): 29 – 34.

[127] 张杰, 翟福昕, 周晓艳. 2015. 政府补贴、市场竞争与出口产品质量 [J]. 数量经济技术经济研究, (4): 71 – 87.

[128] 张杰, 郑文平, 束兰根. 2013. 融资约束如何影响中国企业出口的二元边际? [J]. 世界经济文汇, (4): 59 – 80.

[129] 张杰. 2015. 金融抑制、融资约束与出口产品质量 [J]. 金融研究,

(6)：64 –79.

[130] 张明志，季克佳 . 2018. 人民币汇率变动对中国制造业企业出口产品质量的影响 ［J］. 中国工业经济，(1)：5 –23.

[131] 张先锋，陈永安，吴飞飞 . 2018. 出口产品质量升级能否缓解中国对外贸易摩擦 ［J］. 中国工业经济，(7)：43 –61.

[132] 赵春明，范雅萌，熊珍琴 . 2020. 贸易政策不确定性对中国地区产业结构升级的影响 ［J］. 亚太经济，(5)：116 –125.

[133] 赵瑞丽，尹翔硕，孙楚仁 . 2019. 大城市的低加成率之谜：集聚效应和竞争效应 ［J］. 世界经济，42 (4)：149 –173.

[134] 郑玉，郑江淮 . 2020. 贸易成本如何影响我国出口技术含量？［J］. 经济评论，(4)：111 –127.

[135] 周定根，杨晶晶，赖明勇 . 2019. 贸易政策不确定性、关税约束承诺与出口稳定性 ［J］. 世界经济，(1)：51 –75.

[136] 周茂，李雨浓，姚星，陆毅 . 2019. 人力资本扩张与中国城市制造业出口升级：来自高校扩招的证据 ［J］. 管理世界，(5)：64 –77.

[137] 周茂，陆毅，杜艳，姚星 . 2018. 开发区设立与地区制造业升级 ［J］. 中国工业经济，(3)：62 –79.

[138] 周茂，陆毅，符大海 . 2016. 贸易自由化与中国产业升级：事实与机制 ［J］. 世界经济，(10)：78 –103.

[139] 诸竹君，黄先海，宋学印，胡馨月，王煌 . 2017. 劳动力成本上升、倒逼式创新与中国企业加成率动态 ［J］. 世界经济，40 (8)：53 –77.

[140] 诸竹君，黄先海，王煌 . 2017. 产品创新提升了出口企业加成率吗 ［J］. 国际贸易问题，(7)：17 –26.

[141] 诸竹君，黄先海，余骁 . 2019. 出口模式与企业加成率效应研究：基于中国企业层面数据的理论与实证 ［J］. 世界经济研究，(1)：105 –120.

[142] 诸竹君 . 2017. 进口中间品能否提升中国工业企业加成率 ［J］. 中南财经政法大学学报，(2)：128 –137.

[143] 祝树金，段凡，邵小快，钟腾龙 . 2019. 出口目的地非正式制度、普

遍道德水平与出口产品质量 [J]. 世界经济, (8): 121 – 145.

[144] 祝树金, 吴永梅, 赵玉龙. 2017. 融资约束如何影响出口边际: 来自我国制造业行业的证据 [J]. 湖南大学学报 (社会科学版), 31 (4): 71 – 78.

[145] 祝树金, 钟腾龙, 李仁宇. 2018. 中间品贸易自由化与多产品出口企业的产品加成率 [J]. 中国工业经济, (1): 41 – 59.

[146] Amiti, M., and C. Freund. 2008. The Anatomy of China's Export Growth [R]. Working Paper.

[147] Anderson, J. E., and E. van Wincoop. 2004. Trade Costs [J]. Journal of Economic Literature, 42: 691 – 751.

[148] Andersson, M. 2007. Entry Costs and Adjustments on the Extensive Margin-An Analysis of How Familiarity Breeds Exports [R]. RePEc Working Paper.

[149] Anwar, S., and S. Z. Sun. 2018. Foreign Direct Investment and Export Quality Upgrading in China's Manufacturing Sector [J]. International Review of Economics & Finance, 54 (2): 289 – 298.

[150] Aw, B., and Y. Lee. 2009. Product Choice and Market Competition: The Case of Multiproduct Electronic Plants in Taiwan [J]. The Scandinavian Journal of Economics, 111 (4): 711 – 740.

[151] Bachmann, R., S. Elstner, and E. R. Sims. 2013. Uncertainty and Economic Activity: Evidence from Business Survey Data [J]. American Economic Journal: Macro-economics, (2): 217 – 249.

[152] Baily, M. N., C. Hulten, and D. Campbell. 1992. Productivity Dynamics in Manufacturing Establishments [J]. Brooking Paper on Economic Activity: Microeconomics, (1): 187 – 267.

[153] Baker, S., N. Bloom, and S. J. Davis. 2012. Has Economic Policy Uncertainty Hampered the Recovery? [R]. SSRN Working Paper.

[154] Baker, S., N. Bloom, and S. J. Davis. 2016. Measuring Economic Policy

Uncertainty [J]. Quarterly Journal of Economics, 131 (4): 1593 – 1636.

[155] Balassa, B. 1965. Trade Liberalization and "Revealed" Comparative Advantage [J]. The Manchester School of Economic and Social Studies, 33: 99 – 123.

[156] Balassa, B. 1977. "Revealed" Comparative Advantage Revisited: An Analysis of Relative Export Shares of the Industrial Countries, 1953 – 1971 [J]. The Manchester School of Economic and Social Studies, 45: 327 – 344.

[157] Baldwin, R. , and P. Krugman. 1989. Persistent Trade Effects of Large Exchange Rate Shocks [J]. Quarterly Journal of Economics, 104 (4): 635 – 654.

[158] Bas, M. , and V. Strauss-Kahn. 2015. Input-Trade Liberalization, Export Prices and Quality Upgrading [J]. Journal of International Economics, 95 (2): 250 – 262.

[159] Bchir, M. H. , S. Jean, and D. Laborde. 2006. Binding Overhang and Tariff-Cutting Formulas [J]. Review of World Economics, 142 (2): 207 – 232.

[160] Bekaert, G. , M. Hoerova, and M. L. Duca. 2013. Risk, Uncertainty and Monetary Policy [J]. Journal of Monetary Economics, 60 (7): 771 – 788.

[161] Bellone, F. , P. Musso. , and L. Nesta, et al. 2016. International Trade and Firm-Level Markups when Location and Quality Matter [J]. Journal of Economic Geography, 16 (1): 67 – 91.

[162] Bellone, F. , P. Musso, and L. Nesta. et al. 2010. Financial Constraints and Firm Export Behavior [J]. World Economy, 33 (3): 347 – 373.

[163] Bensassi, S. , L. Márquez-Ramos, and I. Martínez-Zarzoso, et al. 2015. Relationship between Logistics Infrastructure and Trade: Evidence from

Spanish Regional Exports [J]. Transportation Research Part A, 72: 47 – 61.

[164] Berman, N. , and J. Héricourt. 2010. Financial Factors and the Margins of Trade: Evidence from Cross-country Firm-level Data [J]. Journal of Development Economics, 93: 206 – 217.

[165] Bernanke, B. S. 1983. Irreversibility, Uncertainty, and Cyclical Investment [J]. Quarterly Journal of Economics, 98 (1): 85 – 106.

[166] Bernard, A. B. , J. B. Jensen, and S. Redding. et al. 2007. Firms in International Trade [R]. CEP Discussion Paper, No. 795.

[167] Bernard, A. B. , S. J. Redding, and P. K. Schott, et al. 2010. Multiple-Product Firms and Product Switching [J]. American Economic Review, 100 (1): 70 – 97.

[168] Bernard, A. , S. Redding, and P. Schott. 2009. Multiproduct Firms and Trade Liberalization [J]. Quarterly Journal of Economics, 126 (3): 1271 – 1318.

[169] Bertrand, M. , E. Duflo, and S. Mullainathan. 2004, How Much Should We Trust Differences-In-Differences Estimates [J]. Quarterly Journal of Economics, 119 (1): 249 – 275.

[170] Blalock, G. , and F. M. Veloso. 2007. Imports Productivity Growth and Supply Learning [J]. World Development, 35 (7): 1134 – 1151.

[171] Bloom, N. 2007. Uncertainty and the Dynamics of R&D [J]. American Economic Review, 97 (2): 250 – 255.

[172] Bloom, N. 2009. The Impact of Uncertainty Shocks [J]. Econometrica, 77 (3): 623 – 685.

[173] Bloom, N. 2014. Fluctuations in Uncertainty [J]. Journal of Economic Perspectives, 28 (2): 153 – 176.

[174] Bomberger, W. 1996. Disagreement as a Measure of Uncertainty [J]. Journal of Money, Credit and Banking, (3): 381 – 392.

[175] Brandt, L., J. V. Biesebroeck, and Y. Zhang. 2012, Creative Accounting or Creative Destruction? Firm-level Productivity Growth in Chinese Manufacturing [J]. Journal of Development Economics, 97 (2): 339 – 351.

[176] Chatterjee, A., R. Dix-Carneiro, and J. Vichyanond. 2013. Multi-Product Firms and Exchange Rate Fluctuations [J]. American Economic Journal: Economic Policy, 5 (2): 77 – 110.

[177] Crozet, M., and P. Koenig. 2010. Structural gravity equations with intensive and extensive margins [J]. Canadian Economics Association, 43 (1): 41 – 62.

[178] Das, S., M. Robert, and J. Tybout. 2007. Market Entry Costs, Producer Heterogeneity and Export Dynamics [J]. Econometrica, 75 (3): 837 – 873.

[179] Daudin, G., C. Riddlart, and C. Scheweisguth. 2010. Who Produces for Whom in the World Economy? [R]. OFCE Working Paper.

[180] De Loecker, J., P. K. Goldberg, and A. K. Khandelwal, et al. 2016. Prices, Markups, and Trade Reform [J]. Econometrica, 84 (2): 445 – 510.

[181] De Loecker, J., and F. Warzynski. 2012. Markups and Firm-Level Export Status [J]. The American Economic Review, 102 (6): 2437 – 2471.

[182] Dixit, A., and R. Pindyck. 1994. Investment Under Uncertainty. Princeton University Press [M]. Princeton, NJ, USA.

[183] Dixit, A. 1989. Entry and Exit Decisions under Uncertainty [J]. Journal of Political Economy, 97 (3): 620 – 638.

[184] Eaton, J., M. Eslava, and M. Kugler, et al. 2008. The Margins of Entry into Exports Markets: Evidence from Columbia [R]. Harvard University Press.

[185] Eck, K., and S. Huber. 2016. Product Sophistication and Spillovers from Foreign Direct Investment [J]. Canadian Journal of Economics, 49 (4):

1658 – 1684.

[186] Fan, H. C. , Y. A. Li and S. R. Yeaple. 2015. Trade Liberalization, Quality, and Export Prices [J]. The Review of Economics and Statistics, 97 (5): 1033 – 1051.

[187] Feenstra, R. C. , J. Romalis, and P. K. Schott. 2002. US Imports, Exports, and Tariff Data, 1989 – 2001 [R]. National NBER Working Paper, No. w9387.

[188] Felbermayr, G. J. , and W. K. Kohler. 2007. Does WTO Membership Make a Difference at the Extensive Margin of World Trade? [R]. CESifo Working Paper.

[189] Feng, L. , Z. Li, and D. Swenson. 2017. Trade Policy Uncertainty and Exports, Evidence from China's WTO Accession [J]. Journal of International Economics, 108: 20 – 36.

[190] Giordano, P. , and P. Soederlind. 2003. Inflation Forecast Uncertainty [J]. European Economics Review, 47 (6): 1037 – 1059.

[191] Goldberg, P. K. , A. K. Khandelwal, and N. Pavcnik, et al. 2010. Imported Intermediate Inputs and Domestic Product Growth, Evidence from India [J]. Quarterly Journal of Economics, 125 (4): 1727 – 1767.

[192] Guariglia, A. , X. Liu, and L. Song. 2011. Internal Finance and Growth: Micro-econometric Evidence on Chinese Firm [J]. Journal of Development Economics, 96 (1): 79 – 94.

[193] Gullstrand, J. , K. Olofsdotter, and S. Thede. 2014. Markup and Export-Pricing Strategies [J]. Review of World Economics, 150: 221 – 239.

[194] Hallak, J. C. 2006. Product Quality and the Direction of Trade [J]. Journal of International Economics, 68 (1): 238 – 265.

[195] Hallak, J. C. , and J. Sivadasan. 2009. Productivity, Quality and Exporting Behavior under Minimum Quality Requirements [R]. NBER Working Paper.

[196] Handley, K. 2014. Exporting under Trade Policy Uncertainty, Theory and Evidence [J]. Journal of International Economics, 94 (1): 50 –66.

[197] Handley, K., and N. Limao. 2017. Policy Uncertainty, Trade and Welfare, Theory and Evidence for China and the US [J]. American Economic Review, 104 (12): 2731 –2783.

[198] Hart, A. G. 1942. Risk, Uncertainty and the Unprofitability of Compounding Probabilities [M]. University of Chicago Press.

[199] Hausmann, R., J. Hwang, and D. Rodrik. 2007. What You Export Matters [J]. Journal of Economic Growth, 12 (1): 1 –25.

[200] Hummels, D., J. Ishii, and K. Yi. 2001. The Nature and Growth of Vertical Specialization in World Trade [J]. Journal of International Economics, 54: 75 –96.

[201] Ito, T. 2008. NAFTA and the Extensive Margins of Mexico's Exports [R]. RePEc Working Paper.

[202] Kandelwal, A. K., P. K. Schott, and S. J. Wei. 2013. Trade Liberalization and Embedded Institutional Reform, Evidence from Chinese Exporters [J]. The American Economic Review, 103 (6): 2169 –2195.

[203] Kiling, U. 2017. Export Destination Characteristics and Markups: The Role of Country Size [J]. Economica, 86 (2): 116 –138.

[204] Knight, F. H. 1921. Risk, Uncertainty and Profit [J]. Houghton Mifflin, (4): 682 –690.

[205] Koopman, R., P. William, and Z. Wei. et al. Give Credit Where Credit is Due: Tracing Value Added in Global Production Chains [R]. NBER Working Paper.

[206] Kugler, M., and E. Verhoogen. 2012. Prices, Plant Size, and Product Quality [J]. Review of Economic Studies, 79 (1): 307 –339.

[207] La Ferrara, E., A. Chong, and S. Duryea. 2012. Soap Operas and Fertility: Evidence from Brazil [J]. American Economic Journal: Applied Eco-

nomics, 4 (4): 1 – 31.

[208] Levinsohn, J. , and A. Petrin. 2003. Estimating Production Functions Using Inputs to Control for Unobservables [J]. Review of Economic Studies, 70: 317 – 342.

[209] Liu, Q. , and H. Ma. 2020. Trade policy uncertainty and innovation: Firm level evidence from China's WTO accession [J]. Journal of International Economics, 127: 1 – 18.

[210] Liu, Q. , and L. D. Qiu. 2016. Intermediate Input Imports and Innovations: Evidence from Chinese Firms' Patent Filings [J]. Journal of International Economics, 103: 166 – 183.

[211] Liu, Q. , and H. Ma. 2020. Trade Policy Uncertainty and Innovation: Firm Level Evidence from China's WTO Accession [J]. Journal of International Economics, 127 (11): 1 – 18.

[212] Mankiw, N. G. , R. Reis. , and J. Wolfers. 2004. Disagreement about Inflation Expectations [R]. NBER Working Paper.

[213] Manova, K. 2011. Credit Constraints, Heterogeneous Firms and International Trade [J]. Review of Economic Studies, 80 (2): 711 – 744.

[214] Manova, K. 2008. Credit Market Imperfections and Patterns of International Trade and Capital Flows [J]. Journal of the European Economic Association, (3): 1130 – 1145.

[215] Martina, L. 2008. Deconstructing Gravity: Trade Costs and Extensive and Intensive Margins [R]. MPRA Working Paper.

[216] Mayer, T. , M. J. Melitz. , and G. I. Ottaviano. 2014. Market Size, Competition, and the Product Mix of Exporters [J]. American Economic Review, 104 (2): 495 – 536.

[217] Melitz, M. J. 2003. The Impact of Trade on Intra-industry Reallocations and Aggregate Industry Productivity [J]. Econometrica, 71 (6): 1695 – 1725.

［218］ Melitz, M. J., and G. I. P. Ottaviano. 2008. Market Size, Trade, and Productivity ［J］. Review of Economic Studies, 75 (1): 295 – 316.

［219］ Molina, A. C., M. Bussolo., and L. Iacovone. 2010. The DR-CAFTA and the Extensive Margin: A Firm-level Analysis ［R］. RePEc Working Paper.

［220］ Muuls, M., 2008. Exporters and Credit Constraints: A Firm-level Approach ［R］. National Bank of Belgium, Working Paper, No. 139.

［221］ Panitch, L., and S. Gindin. 2013. The Integration of China into Global Capitalism ［J］. International Critical Thought, 3 (2): 146 – 158.

［222］ Pierce, J. R., and P. K. Schott. 2016. The Surprisingly Swift Decline of US Manufacturing Employment ［J］. American Economic Review, 108 (7): 1632 – 1662.

［223］ Rob, R., and N. Vettas. 2003. Foreign Direct Investment and Exports with Growing Demand ［J］. Review of Economic Studies, 70 (3): 629 – 648.

［224］ Roberts, M. J., and J. R. Tybout. 1997. The Decision to Export in Colombia: An Empirical Model of Entry with Sunk Cost ［J］. American Economic Review, 87 (4): 545 – 564.

［225］ Rodrik, D. 2006. What's So Special about China's Exports? ［J］. China & World Economy, 14 (5): 1 – 19.

［226］ Schaal, E. 2012. Uncertainty, Productivity and Unemployment in the Great Recession ［R］. Federal Reserve Bank of Minneapolis Technical Report, 2012 (15).

［227］ Schott, P. K. 2008. The Relative Sophistication of Chinese Exports ［J］. Economic Policy, 23 (53): 6 – 49.

［228］ Shepherd, B., and S. Stone. 2012. Imported Intermediates, Innovation, and Product Scope, Firm-level Evidence from Developing Countries ［R］. MPRA Working Paper.

［229］ Stehrer, R. 2012. Trade in Value Added and the Value Added in Trade ［R］. WIOD Working Paper.

[230] Topalova, P. 2010. Factor Immobility and Regional Impacts of Trade Liberalization: Evidence on Poverty from India [J]. American Economic Journal: Applied Economics, 2 (4): 1 –41.

[231] Wang, Z. , and S. Wei. 2010. What Accounts for the Rising Sophistication of China's Exports? [R]. NBER Working Paper No. w13771.

[232] Xu, B. , and J. Lu. 2009. Foreign Direct Investment, Processing Trade, and the Sophistication of China's Exports [J]. China Economic Review, 20 (3): 425 –439.

[233] Yu M. 2015. Processing Trade, Tariff Reduction, and Firm Productivity, Evidence from Chinese Firms [J]. Economic Journal, 125 (585): 943 – 988.

[234] Zhang, S. , and C. Chen. 2020. Does Outward Foreign Direct Investment Facilitate Export Upgrading? – Evidence from China [J]. China & World Economy, 25 (5): 64 –89.